法天下学术文库

网络游戏著作权法
保护问题研究

R

RESEARCH ON COPYRIGHT PROTECTION
OF ONLINE GAMES

曾 晰著

中国政法大学出版社

2024·北京

声　　明　　1. 版权所有，侵权必究。

2. 如有缺页、倒装问题，由出版社负责退换。

图书在版编目（ＣＩＰ）数据

网络游戏著作权法保护问题研究 ∕ 曾晰著. -- 北京：中国政法大学出版社，2024. 6. -- ISBN 978-7-5764-1526-1

Ⅰ. D923.414

中国国家版本馆 CIP 数据核字第 20240H0R62 号

出 版 者　　中国政法大学出版社

地　　址　　北京市海淀区西土城路 25 号

邮寄地址　　北京 100088 信箱 8034 分箱　邮编 100088

网　　址　　http://www.cuplpress.com (网络实名：中国政法大学出版社)

电　　话　　010-58908586(编辑部) 58908334(邮购部)

编辑邮箱　　zhengfadch@126.com

承　　印　　固安华明印业有限公司

开　　本　　720mm×960mm　　1/16

印　　张　　12.75

字　　数　　220 千字

版　　次　　2024 年 6 月第 1 版

印　　次　　2024 年 6 月第 1 次印刷

定　　价　　59.00 元

前　言

　　中国是全球最大的游戏市场。自 2016 年起，我国游戏产业总产值已经超过影视、音乐、文学等传统娱乐产业的总和。游戏与文学、电影、动漫、综艺等产业深度融合，并带动了电子竞技产业和直播行业的发展，成为泛娱乐产业发展的核心引擎。同时，网络游戏著作权纠纷案件呈现爆发性增长趋势，所涉法律纠纷复杂、关乎产业利益巨大。网络游戏作为技术发展与融合所带来的著作权新型客体，成为近年来国内外著作权法领域研究中的前沿和热点问题。

　　网络游戏是著作权法领域新的研究对象，其著作权保护仍处于理论争议和制度缺失的阶段。网络游戏并不属于著作权法中所列举的专门作品类型，因此，网络游戏客体属性问题是目前学界争议的起点，尤其是在著作权法第三次修正之前。在客体属性不甚明确的前提之下，网络游戏著作权权利归属、权利保护与限制等制度问题的系统深入研究则更加缺失。技术进步和产业变革给文学艺术领域带来的影响绝非简单的作品数字化改造——网络游戏产生于新的创作方法，包含了新的作品内容，具有新的表达方式，容纳了新的参与主体，提供了新的使用和传播方式，产生了新的利益纠葛。研究网络游戏著作权保护问题，首先需对网络游戏及其产业深入了解，其次应明确网络游戏受著作权保护的客体地位，进而展开后续研究。

　　第一部分，首先对网络游戏作品这一新型研究对象进行了界定和分析，将网络游戏作品的概念界定为通过计算机软硬件技术、电影制片技术及互动媒体技术实现的，具有交互性、开放性、虚拟现实等特性的综合性艺术作品。其次对其发展历史、研发流程和产业利益相关主体进行了梳理和研究，为后文关于网络游戏著作权客体性质、权属关系和利益分配等内容提供了清晰的研究视野。

第二部分，对目前学界的网络游戏著作权保护相关争议问题进行了梳理、评析，并从网络游戏的著作权客体属性、权利归属和保护边界三个方面分别予以回应。首先，从符号学视角对作品概念进行建构，认为作品是作品表达（符号形体/能指）、作品思想（符号解释/所指）和作品存在形式（符号对象）三者之统一，并据此解决作品类型划分依据、新作品类型的产生过程等问题。其次，从德国古典哲学视角，通过康德"自由游戏"理论和席勒"游戏冲动"理论来剖析创作意图、创作行为的本质，以解释新的创作技术、创作主体及创作模式。最后，对网络交互时代与公有领域保留之关系进行反思，认为公有领域保留原则在实现著作权法激励创新、促进文化发展等目标方面具有愈加重要的时代使命。

第三部分，进一步明确和巩固了网络游戏"独立客体说"，认为网络游戏应当成为著作权法保护客体中的独立作品类型，分析了网络游戏获得独立客体地位的法律进路。首先，论述了网络游戏的著作权客体适格性；其次，对网络游戏"集合作品说"和"视听作品说"等现有学说进行了深入分析，认为以上学说虽具有一定的合理性，但存在着概念不周延、定性不准确、制度不适用等缺陷。进一步明确网络游戏"独立客体说"，并进行证成。在我国著作权法第三次修正后的框架之下，可将游戏作品类型暂归类于"符合作品特征的其他智力成果"，在未来必要时可另行链接式立法对其进行单独保护。

第四部分，从创作者、传播者和玩家三个维度，分别划定了网络游戏的作者权、邻接权以及玩家生成内容的权属，合理设计了网络游戏的著作权权属制度。我国可采取双重著作权归属理论，允许网络游戏的文字、美术、音乐等作品的自然人创作者单独行使其权利。游戏配音演员、电竞赛事组织和特定玩家可享有相应邻接权。由于网络游戏的交互性特征，玩家可能成为游戏作品的欣赏者、表演者和利用者，因此在考量玩家生成内容的性质和权属时应当区分表演性内容、添附性内容和修改性内容，分属于不同的权属关系类型。

第五部分，结合著作权法的基本原则、标准和方法，划定了网络游戏的著作权权利保护边界。在游戏侵权中适用实质性相似标准时，应根据涉案游戏性质选择相应的判定主体和判定方法；在游戏直播行为的合理使用判定中，应区分游戏类型、独创性内容、盈利模式等因素，从而得出不同结论；通过权利用尽原则、创作人原则和公有领域保留原则等著作权法基本原则的适用，划定网络游戏著作权的效力边界。

目 录

第一章 绪论 ·· 001

  第一节 研究意义 ·· 001

  第二节 研究现状 ·· 003

  第三节 研究方法与创新之处 ···································· 008

    一、研究方法 ·· 008

    二、创新之处 ·· 010

第二章 产业视阈下的网络游戏及利益主体 ························ 013

  第一节 游戏的本质及其历史溯源 ································ 013

    一、自由的游戏——游戏是人类的天性 ···························· 014

    二、社会的游戏——游戏是人类文化形式 ························· 014

    三、审美的游戏——游戏是艺术存在形式 ························· 015

  第二节 产业视阈下的网络游戏作品 ······························ 016

    一、网络游戏作品的概念与类别 ································· 017

    二、网络游戏作品的特征 ······································ 020

    三、网络游戏作品的创作流程 ··································· 022

  第三节 网络游戏产业利益相关主体 ······························ 023

    一、主导方：游戏开发商 ······································ 024

    二、运营方：赛事组织者与直播平台 ····························· 025

三、参与方：选手、主播与玩家 ……………………………… 026

四、联动方：文学、影视、动漫等产业 ………………………… 027

第三章　网络游戏著作权理论争拗与回应 ……………………… 029

第一节　网络游戏著作权保护的理论基础 ……………………… 029

一、法哲学依据 ………………………………………………… 030

二、著作权客体论 ……………………………………………… 032

三、著作权扩张理论 …………………………………………… 034

第二节　网络游戏著作权保护的理论争拗 ……………………… 037

一、网络游戏著作权客体属性之争 …………………………… 037

二、网络游戏著作权权利归属之争 …………………………… 044

三、网络游戏著作权保护边界之争 …………………………… 047

第三节　网络游戏著作权理论争拗的回应 ……………………… 054

一、从符号学视角重构作品概念与类型 ……………………… 055

二、以古典哲学来阐述创作行为的内涵 ……………………… 060

三、阐明网络游戏著作权公有领域的重要性 ………………… 065

第四章　网络游戏著作权客体属性 ……………………………… 068

第一节　网络游戏具有著作权客体适格性 ……………………… 069

一、网络游戏具备"智力成果说"客体要件 ………………… 069

二、网络游戏属于"知识产品说"客体范畴 ………………… 072

三、网络游戏符合"信息说"客体特征 ……………………… 073

第二节　网络游戏应获得独立的客体地位 ……………………… 075

一、网络游戏"集合作品说"及其缺陷 ……………………… 075

二、网络游戏"视听作品说"及其缺陷 ……………………… 076

三、网络游戏"独立客体说"的证成 ………………………… 078

第三节　网络游戏客体属性界定与保护的法律进路 …………… 085

一、修正作品定义：把网络游戏纳入著作权保护的作品范畴 …… 086

二、划定作品类型：增设游戏作品类型或暂归入
"其他智力成果" ……………………………………… 086

三、回应保护需求：必要时以链接式模式对网络游戏
进行保护 ……………………………………………… 087

第五章　网络游戏著作权权利归属 ……………………… 089

第一节　网络游戏作者权权利归属 ……………………… 089

一、网络游戏的作者身份及构成要件 …………………… 090

二、网络游戏的作者权归属模式选择 …………………… 101

三、网络游戏与已有作品的权属关系 …………………… 110

第二节　网络游戏邻接权权利归属 ……………………… 117

一、网络游戏配音演员的表演者权 ……………………… 118

二、应当赋予特定玩家以表演者权 ……………………… 119

三、电竞赛事组织应享有录制者权 ……………………… 121

第三节　玩家生成内容的著作权归属 …………………… 122

一、玩家生成"表演性"内容——不产生新的智力成果 … 123

二、玩家生成"添附性"内容——作为合作作者享有著作权 … 125

三、玩家生成"修改性"内容——作为演绎作者享有著作权 … 128

第六章　网络游戏著作权保护边界 ……………………… 132

第一节　网络游戏著作权侵权判别 ……………………… 132

一、"实质性相似"标准在游戏侵权中的适用 ………… 133

二、"思想—表达"二分法在游戏侵权中的运用 ……… 137

三、保护作品完整权在游戏外挂侵权中的认定 ………… 142

第二节　网络游戏著作权合理使用判别 ………………… 148

一、游戏合理使用判定中的"作品性质"因素剖析 …… 150

二、游戏合理使用"四因素"判定标准的运用 ………… 152

三、网络游戏直播行为的合理使用例证辨析 …………… 157

第三节　网络游戏著作权基本原则的适用 ………………………… 164

　　一、权利用尽原则对网络游戏著作权的限制 …………………… 165

　　二、创作人原则对游戏许可协议效力的约束 …………………… 169

　　三、公有领域保留原则对网络游戏交互创作的促进 …………… 171

结　　论 ……………………………………………………………… 181

参考文献 ……………………………………………………………… 184

第一章

绪　　论

第一节　研究意义

　　自 2016 年起，我国游戏产业总值已达 1800 亿元，超过了电影、动漫、综艺、剧集等其他娱乐产业的总和[1]。游戏与文学、影视、动漫等领域深度融合，同时催生了电子竞技和游戏直播等下游产业，带动着娱乐产业总体持续增长。可以说，游戏产业已经成为我国泛娱乐产业的核心。

　　中国是全球最大的游戏市场。2016 年第二季度，中国游戏市场实际销售收入达到 787.5 亿元，中国市场的 IOS 游戏收入第一次超越了美国，成为全球 IOS 平台游戏收入最高的国家。2018 年，中国游戏用户规模达 6.26 亿人，游戏市场实际销售收入已经达到 2144.4 亿元，同比增长 5.3%，占全球游戏市场比例约为 23.6%[2]。电子竞技赛事市场规模持续增长，游戏直播行业发展迅速，游戏产业与影视、动漫、小说、直播等关联产业的互动加强，相关产业市场规模也在持续增长。2022 年，全球游戏市场规模约为 2000 亿美元，用户规模约为 32 亿人；我国游戏市场规模为 2658.84 亿元，用户规模约为 6.64 亿人[3]。我国以全球约 1/5 的玩家数量、约 1/7

---

　　[1]　参见《2016-2017 年度中国娱乐产业分析报告》，载 http://www.askci.com/news/chanye/20170507/14445997437_ 4.shtml，最后访问日期：2019 年 3 月 5 日。

　　[2]　参见中国音像与数字出版协会游戏出版工作委员会（GPC）、CNG 中新游戏研究（伽马数据）、国际数据公司（IDC）编：《2018 年中国游戏产业报告（摘要版）》，中国书籍出版社 2018 年版，第 11~14 页。

　　[3]　参见《〈2022 年中国游戏产业报告〉正式发布》，载 https://www.cgigc.com.cn/details.html？id=08db0f16-2eca-4e7e-849d-89087a240576&tp=report，最后访问日期：2023 年 10 月 9 日。

的市场规模，在全球游戏行业格局中占据了重要地位。

我国游戏企业不断产出原创游戏精品，不仅在国内市场取得了良好成绩，在海外市场也开始崭露头角。从 2016 年开始，我国便着力推动国内原创游戏发展，国家新闻出版广电总局开展实施"中国原创游戏精品出版工程"，推动游戏产业升级已见成效。2018 年，我国自主研发网络游戏市场实际销售收入达 1643.9 亿元，同比增长 17.6%；我国自主研发网络游戏海外市场实际销售收入达 95.9 亿美元[1]。中国游戏企业已经进驻了 Facebook、Google Store 等多个海外销售平台，同时，国内游戏企业自建平台如腾讯 WeGame、三七互娱、游族网络等也已经在海外平台开展布局和运营。2022 年，美、日、韩依然是我国游戏企业主要目标市场。在我国自研移动游戏的海外市场收入分布中，美、日、韩分别占比 32.31%、17.12% 和 6.97%，其他地区占比也在逐年提升，这表明我国游戏出海企业对新兴市场的拓展力度仍在持续加大[2]。

我国粤港澳大湾区已经成为全球游戏产业的新高地，国内大中型游戏企业多聚集于此。全球收入排名前十的游戏企业中，有三家分布在日本东京湾区，两家分布在美国旧金山湾区，两家处于我国粤港澳大湾区，即腾讯公司和网易公司。2019 年 2 月，中共中央、国务院印发了《粤港澳大湾区发展规划纲要》，标志着粤港澳大湾区的知识产权发展进入快车道，粤港澳大湾区知识产权创新、运用和保护新机制将逐步推进，为我国游戏产业发展提供了绝佳政策环境和战略机遇。

自 2017 年起，我国《著作权法》[3]第三次修法已在酝酿之中，与此同时，国内网络游戏知识产权相关案件呈现爆发性增长趋势，标的额也往

---

〔1〕 参见中国音像与数字出版协会游戏出版工作委员会（GPC）、CNG 中新游戏研究（伽马数据）、国际数据公司（IDC）编：《2018 年中国游戏产业报告（摘要版）》，中国书籍出版社 2018 年版，第 35 页。

〔2〕 参见《〈2022 年中国游戏产业报告〉正式发布》，载 https://www.cgigc.com.cn/details.html？id=08db0f16-2eca-4e7e-849d-89087a240576&tp=report，最后访问日期：2023 年 10 月 9 日。

〔3〕 为表述方便，本书中涉及我国法律文件直接使用简称，省去"中华人民共和国"字样，全书统一，后不赘述。

往在百万以上，甚至超过千万[1]。其中，著作权领域是游戏纠纷涉及最多的领域，包括游戏抄袭、游戏外挂等侵权纠纷、游戏著作权权属纠纷以及游戏最终用户许可协议效力纠纷等。然而，在现有框架下如何对游戏进行知识产权保护众说纷纭，司法裁判亦没有形成统一意见，属于各自"摸着石头过河"。世界知识产权组织（WIPO）发布的《电子游戏的法律地位：不同国家法律策略的比较法研究》（The Legal Status of Video Games：Comparative Analysis in National Approaches）显示，世界各国网络游戏著作权保护理论与制度发展尚不完善，网络游戏著作权的许多最基本问题仍然处于争议状态。

总之，在游戏产业快速发展、政策环境良好的背景之下，加上网络游戏著作权问题之复杂以及所涉产业利益之巨大，且存在较多的理论争议和现实问题，有必要对其相关的产业、理论、制度和规范进行研究。对网络游戏的著作权保护问题进行研究不仅符合社会与时代需求，也兼具理论与现实意义。

第二节　研究现状

自 2017 年起，网络游戏著作权相关问题便成为全球范围内知识产权领域研究的热点问题，我国知识产权领域的学者们纷纷发文，高校和其他研究机构也开始举办游戏知识产权保护专题研讨会，发布网络游戏知识产权保护研究报告、网络游戏产业调研报告等。但是，不论是在文章中还是在研讨会上，学者之间、法官之间以及学者与法官之间各持己见，分歧较大。总的来说，网络游戏著作权保护的理论研究仍处于起步阶段，但已有不少学者开始投身这一领域，其所涉及法律问题的复杂性和新颖性也逐渐地引起了国内法学界的重视，因此也成了新的争论焦点问题。

从法学研究的角度出发，若对网络游戏的本质和历史发展没有一定了

---

〔1〕　参见《石景山法院易珍春详解网络游戏知识产权纠纷案》，载 http://www.bj.xinhuanet.com/zt2017/2017fyft/ft_ yzc/index.htm，最后访问日期：2018 年 12 月 5 日。

解，在研究相关著作权争议问题时容易出现尚未窥得其全貌便得出片面结论的问题，也容易因不了解其概念外延而导致论证逻辑不严密。纵观著作权法发展历程，技术的进步和社会的发展会不断地催生新的著作权客体和传播方式，从而冲击着传统著作权制度；但客体性质之新、所带来的冲击之大似乎从未如网络游戏一般，以至于在网络游戏的著作权客体性质、涉及主体及权利归属、相关主体的利益边界等各个方面的问题上的研究均呈现出分歧，并且多是根据司法实践中所反映出的具体问题而进行零碎的回应，相关基础理论研究较为缺乏。究其原因，在于对网络游戏的技术特性、艺术特征和产业状况等缺乏深入了解，与著作权理论、著作权制度的衔接和适用仍然存在鸿沟，因此难以形成系统的、有力的结论性观点。

作为新技术的产物，网络游戏的著作权客体性质、相关主体及权利归属、侵权保护标准和权利边界等问题均异于传统作品，在涉及网络游戏抄袭、游戏直播、游戏改编、游戏著作权确权等相关案件中，法官根据案件具体情况对以上问题形成的论断各不相同。面对新型智力成果对传统著作权制度的冲击与挑战，法学界对于司法实践中所遭遇的网络游戏著作权问题有所争论，仍未形成一个统一的意见。网络游戏产生的新的著作权问题也冲击着作品概念、创作理论等著作权法最基本的理论问题，挑战着独创性原则、合理使用原则、利益平衡原则等著作权法最基本原则的实现，对于以上问题的研究也尚未形成较为成熟的观点和完善的体系。

第一，在网络游戏为何属于著作权客体以及应属于何种著作权客体这一最基本问题上仍未有具说服力的结论，主要存在"拆分定性""归于视听作品"两种学说，极少数国内法官和国外学者还提出了网络游戏应属于独立作品类型的观点。崔国斌在《知识产权》上发表的《认真对待游戏著作权》认为必要时应视为多种类型的传统作品的集合体，目前没有必要创设特殊的作品类型，并特别提到了"游戏资源库"中可能包含文字、美术、音乐、电影、摄影甚至图形作品，游戏资源库整体也可能构成汇编作品[1]。

---

[1] 崔国斌：《认真对待游戏著作权》，载《知识产权》2016年第2期。

李杨在《法制与社会》上发表的《论网络游戏著作权的界定和保护》认为网络游戏作为整体应当属于著作权法保护的作品，但同时又具有其他作品的特点[1]。张学军在《人民司法》上发表的论文认为网络游戏构成软件作品、美术作品和类电影作品，目前没有必要单设游戏作品[2]。曹丽萍也大致认同前述观点[3]。WIPO发布的调查报告显示，韩国法学界也仅仅将网络游戏归类于软件作品或视听作品；日本学界已经开始主张为网络游戏"量身定制"法规以此来促进游戏产业的发展；欧盟学者也提出，应该将交互性作品与视听作品区别开来，针对游戏等交互性作品提供独立的版权救济；考虑到玩家在游戏中的主体地位和利益保护，加拿大有学者认为网络游戏应当被归入汇编作品类型，也有观点认为网络游戏是一种合作作品，还有观点认为游戏应当属于多媒体作品[4]。美国学者苏珊·卡伯特（Susan Corbett）认为游戏应当被视为一种独立的作品类型[5]。目前各国成文法中均未将网络游戏作品明确地列举为一项作品类型，在司法实践中对网络游戏客体性质的认定也并不一致。在1984年的《PAC-MAN》游戏抄袭案中，东京地方法院认为涉案游戏构成著作权法中的电影作品。2002年，日本最高裁判所在H12-JU-952号案中也将游戏归于电影作品。我国已有判例为网络游戏提供整体的、与电影作品类似的著作权保护，但措辞有所不同——在《奇迹MU》诉《奇迹神话》游戏著作权侵权案中，法院并未论及网络游戏本身属于何种作品，而是认为涉案游戏的整体画面符合我国《著作权法》中"类电影作品"的定义。《视听作品国际注册条约》对于视听作品概念的界定是"任何包含一系列固定的相关影像的作品，无

---

[1] 李杨：《论网络游戏著作权的界定和保护》，载《法制与社会》2016年第14期。

[2] 张学军：《网络游戏知识产权的司法认定》，载《人民司法》2015年第19期。

[3] 曹丽萍：《网络游戏著作权案件审理中的四大难题》，载《中国知识产权报》2015年6月5日。

[4] See WIPO, "The Legal Status of Video Games: Comparative Analysis in National Approaches", at http://www.wipo.int/export/sites/www/copyright/en/activities/pdf/comparative_analysis_on_video_games.pdf.

[5] Susan Corbett, "Videogames and Their Clones: How Copyright Law Might Address the Problem", *Computer Law & Security Review*, 2016.

论是否有配音，应当是易于可视的，如果配有声音，应当是易于听到的"；法国知识产权法典认为视听作品是"由系列动画影像构成的电影或其他作品，无论是否配有声音"，但在司法实践中并未将游戏统统归为视听作品。如在 Vincent v. Cuc software 案中，法国法院认为 CD-ROM 中的视频游戏具有极强的互动性特征，并不属于连续、线性的影像显示，因此不能认定为视听作品。

第二，在网络游戏的著作权权利归属方面，网络游戏的作者权归属模式、玩家的地位及权利以及游戏与影视作品的互动是研究的热点问题。WIPO 发布的调查报告显示，韩国法学界部分学者认为电子竞技明星选手（star player）通过专业的操作技巧和个人风格形成了眼球经济，具有表演者地位，至少应当赋予其邻接权中的一项公开权，并且这项权利应当可以对抗游戏开发者以及电竞赛事组织；法国和加拿大法学界认为在将网络游戏视为汇编作品或合作作品的前提之下，每一个作出创造性贡献的自然人都是游戏作品的合作作者，玩家生成的独创性内容也应当作为游戏作品的一部分而受到保护[1]。我国学者对于玩家行为的性质也有所探讨，大部分学者认为玩家行为不属于表演，无法享有表演者权，崔国斌在《知识产权》上发表的论文认为"用户很有可能作为演绎者对游戏画面作出了独创性贡献"[2]。冯晓青在《知识产权》上发表的论文认为在一定条件下玩家玩游戏的行为可能构成表演行为[3]。国内对于用户生成内容、玩家生成内容的相关文献较少，熊琦在《法学评论》上发表的文章认为，可以通过作品转换性使用的认定来绕过已有作品著作权的权利制约，赋予用户对于自己创造内容的著作权[4]。各国司法实践对网络游戏著作权归属的判

---

〔1〕 See WIPO, "The Legal Status of Video Games: Comparative Analysis in National Approaches", at http://www.wipo.int/export/sites/www/copyright/en/activities/pdf/comparative_analysis_on_video_games.pdf.

〔2〕 崔国斌：《认真对待游戏著作权》，载《知识产权》2016 年第 2 期。

〔3〕 冯晓青：《网络游戏直播画面的作品属性及其相关著作权问题研究》，载《知识产权》2017 年第 1 期。

〔4〕 熊琦：《"用户创造内容"与作品转换性使用认定》，载《法学评论》2017 年第 3 期。

定也各不相同。法国法院认为，在交互式网络游戏中，那些在现有游戏中创作新的设定、角色、汽车等可为其他玩家所用的物品的人，可以成为该部分内容的作者。日本著作权法规定了作品使用强制许可制度，因此，对于那些属于"孤儿游戏"（abandonware video game）的权属不明的作品，游戏从业者可以依照程序获得权利。韩国认为作出创造性贡献的每名游戏开发人员都可能成为网络游戏的作者，如图形设计师、游戏测试员、软件工程师等。如果网络游戏是从小说、漫画或电影改编而来的，那么被改编作品的著作权人被称为网络游戏的初始著作权人。

　　第三，著作权法视野下的网络游戏开发商、玩家以及公众之间的利益分配也是当前面临的新问题，在游戏抄袭、游戏直播、游戏最终用户许可协议的效力等具体问题上，都需要对相关主体的权利边界进行划分。美国学者雅各布·罗杰斯（Jacob Rogers）在《哈佛法律与技术学报》上发表的论文认为网络游戏具有一定的公共产品属性，其著作权人的权利应当受到限制[1]。WIPO 发布的调查报告显示，日本有学者认为游戏的发行权应当受到首次销售原则的限制；加拿大理论界有观点认为使用游戏通过互联网数字技术进行"公开表演"并不需要获得游戏著作权人的许可，也无需支付使用费[2]。我国学者王迁在《电子知识产权》上发表的论文认为游戏直播行为使用了该游戏受著作权保护的内容，应当受到著作权法规制，并且运用四因素法进行了分析，认为直播行为可以构成转换性使用[3]。谢琳在《知识产权》上发表的论文认为游戏直播具有合理使用的正当理由，著作权人的权利不应被滥用[4]。针对游戏直播问题，2017 年 11 月，广州知识产权法院一审判决华多公司对网易《梦幻西游 2》游戏的直播行

---

　　[1]　See Jacob Rogers, "Crafting an Industry: An Analysis of Korean StarCraft and Intellectual Properties Law", *Harvard Journal of Law and Technology Digest*, 2012.

　　[2]　See WIPO, "The Legal Status of Video Games: Comparative Analysis in National Approaches", at http://www.wipo.int/export/sites/www/copyright/en/activities/pdf/comparative_analysis_on_video_games.pdf.

　　[3]　王迁：《电子游戏直播的著作权问题研究》，载《电子知识产权》2016 年第 2 期。

　　[4]　谢琳：《网络游戏直播的著作权合理使用研究》，载《知识产权》2017 年第 1 期。

为不构成合理使用，而属于著作权侵权行为，需赔偿2000万元，二审维持原判。与游戏最终用户许可协议相关的网络游戏著作权争议问题主要集中在用户生成内容的权属问题和用户对游戏内容的使用限制问题上。暴雪游戏公司在用户许可协议中规定了禁止制作和传播演绎作品、禁止以商业目的利用游戏内容等。微软公司的用户许可协议并未完全禁止游戏用户使用游戏内容和制作传播演绎作品，但这种许可的性质是非独占的、不可转让的，用户的使用行为也必须是私人性质（personal）且不具有商业目的。但是，也有许多游戏开发商持开放态度，在其许可政策中承认用户在游戏中享有某些权益，甚至表明用户对自己上传的内容享有知识产权，如沙盒类游戏《第二人生》。按照我国学界观点，尤其是在网络游戏"集合作品说"之下，某些游戏外挂构成著作权侵权行为，但某些并不构成。日本司法实践对于游戏外挂的著作权法规制有着不同的思路——在《心跳回忆》游戏外挂侵权案中，游戏著作权人以侵犯著作人格权为由对外挂销售者提起诉讼，获得了法院支持。针对游戏"换皮"或克隆等行为的规制问题，我国司法实践中有认定为不正当竞争行为和认定为著作权侵权行为两种不同判法，但相关案例较少，且对于"实质性相似"标准、"思想—表达"二分法在游戏侵权中应当如何适用的问题，也有尚待研究的空间。对于网络游戏著作权法基本原则的适用问题，暂未发现我国有专门针对此问题进行的研究。

第三节　研究方法与创新之处

一、研究方法

法律应当是价值、形式和事实的结合与统一。本书的研究对象为网络游戏这一多种技术融合所带来的著作权新客体，从技术层面、产业层面均涉及许多著作权新问题。因此，在研究方法上，首先应立足于对相关技术要件、客体内涵与产业发展情况的把握，其次应对目前网络游戏著作权争议进行现状的归纳和问题的提炼，再针对以上问题，从著作权法的价值、原则及具体制度方面来观察、分析并得出结论。

在上述研究之基础上，本书主要采用价值分析研究方法来对网络游戏的著作权理论和制度构建进行分析、证成和选择。法的价值主要在于正义、自由和秩序。而具体到著作权领域，法的正义价值可体现为对创作者智力劳动成果相关权利的保护与回馈，法的自由价值可体现为社会公众接触、获得信息资源的自由以及进行再次创作的自由，这两者之间的平衡则形成了著作权法的秩序价值，在这种动态平衡的秩序之中，著作权制度才能发挥其激励创新和促进社会整体知识文化水平进步的价值目标。网络游戏作为一种新的智力成果，拷问着著作权法最基础性的概念与理论的内涵，如作品、创作、独创性、表演等；检验着著作权法诸多原则和方法的适用，如权利用尽原则、公有领域保留原则、"思想—表达"二分法、"实质性相似"标准等；考验着著作权法诸多制度设计，如客体立法体系、权利归属制度、保护与限制制度等。因此，本书对著作权法中的基本理论和概念进行了新的阐释，以求理论之发展；对著作权法律原则和方法的适用进行了新的探索，以期制度之进步，以实现著作权法激励创新与促进共享的立法目的为价值目标。

网络游戏著作权保护相关研究内容之展开主要遵循以下思路：

第一，回应理论争议。著作权法领域新的研究对象和新的法律问题，往往需要对传统理论和概念进行新的阐释，提出新的观点。网络游戏著作权保护问题的研究需要对著作权法的基础概念和基本理论层面进行阐释，主要是作品概念和创作理论。譬如，从符号学的视角，将符号的本质、形式和功能以及符号系统的一系列基本概念和理论应用于著作权法领域，尤其是在著作权客体概念、作品体系、"思想—表达"二分法、独创性判定等方面，在分析网络游戏这一新型著作权客体时能够发挥显著的效用。又如，从古典哲学的视角，将康德的"自由游戏"理论和席勒的"游戏冲动"理论用来解释创作，能够更加贴近创作的本质，为新技术之下的创作意图、创作行为、创作主体、创作模式等扫清理论障碍。

第二，明确客体性质。只有解决了网络游戏的著作权客体属性问题，才能在著作权法中找到其应有位置并进行保护；只有明确了网络游戏在著作权法中的客体地位，才能在此前提之下继续开展权利归属、侵权判定、权利限制等网络游戏著作权保护的后续研究。对网络游戏著作权客体属性的研究需要对网络游戏技术特征、艺术特征和产业研发状况等方面深入了解，研究网络游戏著作权权利归属和保护边界也需要对相关利益主体、利益纠纷进行准确把握，因此，第一章有必要先从产业视阈下对网络游戏的发展、概念界定和相关利益主体进行梳理。本书第三章着力解决对网络游戏的著作权客体属性进行准确分析和认定的问题，并寻求实现其客体地位的现实法律进路。

第三，构建权属制度，划定保护边界。在明确了客体性质的基础之上，将著作权法的基本价值、原则和方法适用于网络游戏著作权保护的制度研究，主要包括权属制度和保护边界（限制制度）两个方面。从创作人原则、权利用尽原则、公有领域保留原则等角度出发来寻求网络游戏著作权人利益与公共利益的合理分配机制，并引入美国学者提出的穿透性理论来解释网络虚拟环境中法益的产生——在符合条件时，网络虚拟环境中的利益也应当同现实世界中相应的利益一样，具有获得法律保护的正当性和必要性。整个网络空间要继续向前发展，也需要达到各方参与者权益的动态平衡。不仅应当给著作权人足够的保护以实现激励，同时也要给网络世界中的其他参与者足够的知识、资源和自由，一方面可以推动整个网络环境中的知识水平稳定前进，另一方面也要为其他人的再创作留出足够的空间。在如今用户创作内容大爆发的时代，网络虚拟空间中的每一个用户都可能成为内容的使用者、创作者和传播者，都有着使用网络空间中信息资源的需求。因此，在平台运营商的绝对控制之下，如何保障网络虚拟空间中仍然保留一定的公有领域，激励用户创作、玩家创作，也是值得思考的内容。

二、创新之处

本书创新之处可以体现为以下几点：

第一，从符号学、古典哲学的视角，对著作权理论中的作品、创作等基本概念进行了建构，阐释了作品的概念内涵、作品类型划分以及创作行为的本质等问题，以回应目前学界的网络游戏著作权相关理论争议。在第三章第三节中，首先结合符号学相关理论，提出了作品概念的三元关系理论，认为作品是作品表达（符号形体/能指）、作品思想（符号解释/所指）和作品存在形式（符号对象）三者之统一。根据作品概念的三元关系理论，进一步解释了著作权客体体系，回答了作品类型划分依据、新作品类型的产生过程等问题，为研究网络游戏著作权客体性质提供了新的理论视角。此外，从德国古典哲学视角，借助康德的"自由游戏"理论和席勒的"游戏冲动"理论来剖析创作意图、创作行为的本质，解释了网络游戏这一交互性作品所涉及的新的创作技术、新的创作意图、新的创作主体及新的参与创作的模式。在理论阐释的基础之上，再展开后续问题的研究。

第二，明确提出了网络游戏"独立客体说"，即网络游戏应当成为著作权法保护客体中的独立类型，并从理论和制度层面进行论证。在第四章第二节中，第一部分内容对网络游戏"集合作品说"和"视听作品说"等现有学说进行了深入分析，认为以上学说虽具有一定的合理性，但存在着概念不周延、定性不准确、制度不适用等缺陷。第二部分提出网络游戏"独立客体说"，并结合第三章中提出的符号学作品概念理论，从作品表达（符号形体及符号组合）、作品思想（符号解释）和作品存在形式（符号对象）三个方面进行论证。第三部分结合我国著作权法第三次修改草案的内容，认为网络游戏符合修法后的作品定义，目前可暂且归类于"其他文学、艺术和科学作品"，必要时可在著作权法中增设游戏作品类型，并以链接式立法模式进行单独保护。

第三，在网络游戏"独立客体说"的基础之上，合理设计了网络游戏著作权的权利归属制度，并结合著作权法的基本原则、标准和方法划定了网络游戏著作权的权利保护边界。在权利归属方面，从创作者、传播者和玩家三个维度，分别划定了网络游戏的作者权、邻接权以及玩家生成内容的权属。我国可遵循双重著作权归属理论，允许网络游戏的文字、美术、音乐、软件等作品的自然人创作者单独行使其权利。网络游戏的配音演员、特定玩家和电竞赛事组织均应享有相应的表演者权与录制者权。由于网络游戏的交互性特征，玩家可能成为游戏作品的欣赏者、表演者和利用者，因此在考量玩家生成内容的性质和权属时应当区分表演性内容、添附性内容和修改性内容，分属于不同的权属关系类型。在保护边界方面，针对网络游戏著作权侵权判定、合理使用等方面的热点和争议焦点问题，在判定标准、法律原则的适用上提出了新的观点和方法。首先，在游戏侵权中适用实质性相似标准时，应根据涉案游戏性质选择相应的判定主体和判定方法；其次，在游戏直播行为的合理使用判定中，应区分游戏类型、独创性内容、盈利模式等，从而得出不同结论；最后，根据权利用尽原则、创作人原则和公有领域保留原则划定网络游戏著作权权利效力边界。

第二章

产业视阈下的网络游戏及利益主体

　　游戏是人类的天性，并且在人类历史的长河中逐渐进化演变，成了人类文化中不可或缺的一部分。在电子时代之前，游戏只能存在于现实生活中，游戏爱好者们只能将游戏固定在自己的脑海中，通过语言、文字和亲身体验等方式向参与者传达游戏的思想，游戏只能现实地发生，而不具有作品的形式。计算机软硬件技术和互动媒体技术的发展结合终于能够为游戏提供一个可固定载体，并在这一载体中将游戏的思想完美地表达出来，游戏的内容也越来越复杂，相关产业蓬勃发展，在许多国家和地区甚至已经超越了音乐和电影产业的市场规模，成为目前社会生活中最重要的娱乐产业之一。

　　近年来，网络游戏成为著作权法领域的热门研究对象，网络游戏相关法律问题也成为新的争论焦点问题。即便如此，网络游戏目前仍是一个不甚明晰的复杂概念，若对网络游戏的本质和历史发展没有一定了解，在研究相关问题时容易出现尚未窥得其概念内涵全貌便得出片面结论的问题，也容易因不了解其概念外延而导致论证逻辑不严密。对网络游戏产业运作方式和利益相关主体的了解，也有利于了解网络游戏相关法律问题产生之原因和寻求解决问题之途径。

第一节　游戏的本质及其历史溯源

　　如试图理解未来，就应当回顾历史，而回顾历史的年限须比预见年限久远得多[1]。游戏内嵌于人类生存与发展的各个阶段，具有相当久远的

----

　　[1]　参见［美］简·麦戈尼格尔：《游戏改变世界：游戏化如何让现实变得更美好》，闾佳译，浙江人民出版社2012年版，第6页。

历史。在不同的历史发展阶段，游戏曾以各种形态渗透于社会生活和人们的观念当中。对游戏发展历史及其本质溯源，并对游戏的自然属性与社会属性获得一个较为清晰和准确的认识，是合理界定网络游戏概念与性质的先决条件，也是探索网络游戏相关法律问题必要的研究基础。

一、自由的游戏——游戏是人类的天性

游戏最初体现为人类的个体行为，游戏来源于人的自然属性，是人类天性产生的固有之物。康德认为游戏的本质特征是一种不受结果、报酬等目的束缚的愉快情感体现，是自由而开放的、但又天然地合乎人性，这与荷兰学者约翰·胡伊青加的游戏理论中"把游戏作为生活的一个最根本范畴来研究"的观点异曲同工[1]。弗洛伊德认为游戏是人借助想象来满足自身心理需求的一种虚拟之物，通过游戏的行为方式，人类的生物本能得到表达，个体情绪得以产生和发展；而古希腊哲学家柏拉图则认为游戏是"一切幼子生活和能力跳跃需要而产生的有意识的模拟活动"，是人类生存活动的本能[2]。可以说，从人类诞生开始，便本能地在寻找乐趣并不断发明寻找乐趣的方法，这种方法便是游戏。作为人类的想象力、创造力和寻找乐趣的天性的产物，游戏这种方法被代代传承，也在不断演变和进化。

二、社会的游戏——游戏是人类文化形式

随着人类社会不断进步，经过语言、道具、符号标记等必要手段，游戏在长期发展过程中逐渐具有了固定模式。生产工具的革新使得游戏内容开始包含有形的"道具"，例如"蹴鞠"这一最为原始的球类游戏。随着人类认知能力进步和知识存量增加，也开始出现了围棋、象棋等益智类游戏形式，可以体现出当时的数学、军事学等文化的发展程度。

---

〔1〕 [荷兰] 胡伊青加：《人：游戏者——对文化中游戏因素的研究》，成穷译，贵州人民出版社1998年版，第35页。

〔2〕 孙祺舜主编：《电子游戏概论》，高等教育出版社2009年版，第3页。

除却游戏形式本身，游戏的文化属性还体现在诸多方面。以围棋为例，在汉魏时期，围棋开始成为上至统治阶级、下及民间的普遍社交活动，围棋民间社团初具规模，甚至形成了"守拙""若愚""斗力""小巧""用智""通幽""具体""坐照""入神"九个代表棋艺水平的等级，这甚至比如今许多网络游戏的排位等级划分更为细致。直至唐宋时期，已有《棋诀》《围棋义例》等有关围棋的专门书籍问世。到了明清时期，围棋游戏技术的发展达到了顶峰，形成了"京师派""新安派"等多个专业流派，围棋游戏的过程变得更加复杂而具观赏性〔1〕。

三、审美的游戏——游戏是艺术存在形式

关于游戏与艺术的关系，诸多哲学家都曾进行过论述并各持见解。游戏是自由的、审美的，是为了使人愉悦的。艺术也是如此。康德推崇约翰·胡伊青加的游戏理论，认为游戏的创作者和参与者在主动创作与被动接受的过程中，都是自由的、解放的，这与艺术的创作者和欣赏者一样〔2〕。席勒也对游戏的艺术性有过充分论证，他认为游戏是无肮脏目的的、充分自由的，同时又结合了感性与理性的，也就是美的，也必然是艺术的〔3〕。伽达默尔认为游戏是一种艺术存在方式，甚至用游戏去解释艺术——"所谓艺术就是一种向创造物转化的游戏"〔4〕，两者在本质上没有差别，因为游戏展开了想象力所能达到的最大自由，也就是艺术创作本身。因此，游戏本就是而且只能是艺术，反之亦然。

"游戏起源说"甚至认为艺术起源于游戏。游戏是意识、感情、思维等精神类活动的剩余势力的产物，动物的游戏仅仅停留在本能，而人类的

---

〔1〕 参见蔡丰明：《游戏史》，上海文艺出版社 2007 年版，第 34 页。

〔2〕 ［荷兰］胡伊青加：《人：游戏者——对文化中游戏因素的研究》，成穷译，贵州人民出版社 1998 年版，第 35 页。

〔3〕 朱光潜：《文艺心理学》，载《朱光潜美学文集》（第 1 卷），上海文艺出版社 1982 年版，第 157 页。

〔4〕 汪代明：《论电子游戏艺术的定义》，载《西南民族大学学报（人文社会科学版）》2005 年第 12 期，第 56 页。

游戏已经进化到极为复杂和高级的形态，这是人与动物的差别之一。艺术也是如此，是一种人类的精神游戏，是精神势力剩余的产物，因此，艺术的本质就是一种社会性的、复杂的、高级形态的游戏。1905年，我国学者在翻译《哥罗宰（谷鲁斯）氏之游戏论》一文时，就已有此思想："谓吾人之性质及需要，可以一瞬而直达者，为吾人所不悦；而迁远者反渴望之。是故剩余之势力无益于生命之保存者也。由此剩余之势力而生游戏之动向，由此游戏之动向而生美，而吾人乃以之为乐。"[1]游戏与艺术都是主观臆想的实在化，都是在现实世界之外通过想象力创造的虚拟世界；在构建这个虚拟世界时需要进行超脱现实的想象和创造，同时又无法跳脱对客观现实的模仿。艺术和游戏各自所创造出来的虚拟世界都能够使人沉浸，将物我的分别暂时忘却；在欣赏艺术或玩游戏的时候，都是在进行无实用目的但又合乎人类天性的自由的活动。这种自由活动同时又需要人跳脱现实日常而实现精神的自由和天性的解放，艺术和游戏都产生于人类寻求这种乐趣的天性，也能够将这种乐趣蕴含于自身形式之中并且传达给欣赏者和参与者。

第二节　产业视阈下的网络游戏作品

网络游戏是在计算机网络技术的支撑之下，综合吸收了传统的文学、音乐、美术、舞蹈、戏剧、建筑、电影等传统文学艺术元素并加以发展而形成的新的艺术形式。通过游戏程序，游戏厂商能够将网络游戏完整地固定下来，并且复制、传播。我们在安装游戏程序时，其实是把网游公司研发的美术作品、数值策划、规则和代码等各种资源，解压、安装复制到自己的计算机硬盘里。电子计算机技术的出现，事实上为著作权客体提供了一个新的载体，几乎所有类型的著作权作品都可以储存在计算机中。音乐作品除以乐谱、录音等形式予以固定之外，还可以作为 MP3 等软件储存；

---

〔1〕 王国维：《哥罗牟（谷鲁斯）氏之游戏论》，载周锡山编校：《王国维集》（第 2 册），中国社会科学出版社 2008 年版，第 76 页。

美术作品不再只能固定在画布等有形物之上，还可以作为 JPG 等格式储存在电子设备中。发展至今，网络游戏已经形成了完整的产业模式，即从创作设计到形成作品再到最终投入市场。

在电子技术、数字技术和网络技术产生之前，游戏仅能存在于观念中，并通过群体活动行为来表现，其中有形的、固定的部分仅能以道具、符号等形式体现。但通过计算机网络技术，游戏不仅具有了完整的"载体"即游戏程序，通过电子设备运行后能够展现音乐美术电影制片等各种文学艺术元素，甚至在网络中实现了单向传播、双向传播甚至多向传播，颠覆了传统艺术创作、传播、欣赏的方式和体系，因而被称为继文学、音乐、舞蹈、绘画、雕刻、建筑、戏剧、电影八大艺术门类之外产生的"第九类艺术"。

一、网络游戏作品的概念与类别

(一) 网络游戏作品的概念界定

目前在我国的游戏著作权法领域中，学者们对于研究对象的概念使用并不统一。一些较为具体的著作权问题研究可将某一种游戏作为研究对象，如以运行的载体设备为前缀的"手机游戏"或以类别进行划分的"卡牌游戏"等。但在普遍的研究中，所采用的称谓亦不相同，包括 computer game（电脑游戏）、video game（视频游戏）、electronic game（电子游戏）、net game/online game（网络游戏）等。其中网络游戏的称谓为我国多数学者所采用，一方面因为游戏产业发展至今网络游戏已成为最具代表性的、最为主要的类型，另一方面也因为近年来著作权纠纷多与网络游戏相关。但是，以上游戏概念之外延所涵盖的范围有所差别，如所采取的概念不相符合或对其外延了解不清晰，在后续研究中容易发生简单的逻辑错误。如《论网络游戏整体画面的作品定性》一文，就将不能归类于"网络游戏"的早期街机游戏（单机游戏）作为个例进行讨论，导致前后内容出现不自洽的问题。

以上游戏相关概念虽有所差异，但自有其共通之处。从创作方式和载体方面，均指通过计算机软件编写并在一定电子设备上运行的游戏；在运行内容和进程方面，运行过程中均需要向玩家传达一系列图像界面、声音效果，并且通过人机互动方能完成整个游戏过程。因此，著作权法的普遍研究对象可以总结为：通过代码编写并且固定的、在电子设备上运行的、以多媒体形态呈现的交互性游戏。

鉴于游戏产业以及网络技术的发展，具有代表性的、较为复杂的、产生的著作权纠纷较多的均为网络游戏，因此本书以网络游戏为研究对象。目前网络游戏的定义众说纷纭，一般认为可连接互联网在电子设备上运行的游戏均可被称为网络游戏。有学者认为"网络游戏是指依靠互联网或局域网，多人共同参与的电子游戏"[1]，游戏中一般包括大量的数据，构成了道具、画面、人物、场景、操作界面等丰富内容。有法官认为"游戏是通过计算机编程的方式来储存和调动人物形象、音乐、特效等资源，按照事先设定的操作界面和故事情节等创作而成的，由一系列有伴音或无伴音画面组成的作品"[2]。美国最高法院大法官安东尼·斯卡里亚认为网络游戏通过传统的文学手段（如人物、语言、情节、音乐）以及独特的功能设计（如虚拟互动）传递思想、创意及信息，应同书籍、漫画、戏剧等一样，是一种艺术形式。不难看出，以上定义虽各有侧重，但都强调了技术上的创新性、内容上的综合性、极强的交互性以及独特的艺术性等几个特征。其原因在于网络游戏的创作融合了电影制片技术、计算机软硬件技术以及互动媒体技术，因此能够采取不同于以往的创作方法来对各类文学艺术元素以全新的形式进行整合，甚至得以将传统艺术形式不具备的交互性元素固定下来，并最终形成完整的作品形式呈现在产业、艺术以及大众认知领域之中。

因此，本书将网络游戏的定义概括为通过电影制片技术、计算机网络技术及互动媒体技术实现的，具有交互性、开放性、虚拟现实等特性的综合性艺术作品。由于技术发展和游戏功能不断拓展，绝大部分游戏均可以

---

〔1〕 李杨：《论网络游戏著作权的界定和保护》，载《法制与社会》2016 年第 14 期。
〔2〕 上海知识产权法院［2015］沪知民初字第 633 号民事判决书。

连接到互联网查看战绩排名，与其他游戏用户进行互动，未来 5G 云游戏时代也将带来游戏设备和游戏方式的革新——因此，对于网络游戏定义的理解宜宽不宜窄，本书所称网络游戏的外延应当包括一切可以连接到互联网的交互式电子游戏。

（二）网络游戏作品的类别

随着技术的创新和产业的发展，网络游戏的内容也在不断地进化发展，各种游戏类型均可能建立在之前游戏理论、游戏创意的基础之上。1984 年，克里斯·克劳福德（Chris Crawford）首先对游戏进行分类，但同时也认为由于技术和行业的快速发展，自己提出的分类方式"将在短时间内过时"[1]。因此，各种游戏类型并不是完全相互排斥的，亦即游戏并无一个统一的、完美的分类方法。

一般而言，按照游戏玩法与内容的不同，网络游戏可大致分为角色扮演类游戏（role-playing game）、动作类游戏（action game）、冒险类游戏（adventure game）、模拟类游戏（simulation game）、即时战略类游戏（real-time strategy game）、格斗游戏（fighting game）、射击类游戏（shooting game）、益智类游戏（puzzle game）等类型。但在长期发展过程中，游戏玩法相互融合且愈加复杂，产生了如动作冒险类游戏（act adventure game）、模拟类角色扮演游戏（simulation role-playing game）、多人在线战术竞技游戏（multiplayer online battle arena game）、沙盒类游戏（sandbox game）等。按照游戏载体和形式的不同，可分为桌面游戏（table game）、网页游戏（web game）、客户端游戏（client game）、手机游戏（mobile game）、电视游戏（TV game）等。按照竞技性与娱乐性的不同，网络游戏还可分为电子竞技和非电子竞技类游戏。电子竞技是指在信息技术营造的虚拟环境中，在明确统一的比赛规则下，有组织地进行的人与人之间的智力和体力的胜负对抗的网络游戏，例如《英雄联盟》《Dota》等竞技游戏，有国际性或区域性的赛事举办，形成了较为成熟的电子竞技产业链和较大的社会影响力，

---

[1] See Chris Crawford, "A Taxonomy of Computer Games", *The Art of Computer Game Design*, 1984.

因此也被越来越多的国家列为体育运动项目。根据科技应用和体验程度的不同，还可将网络游戏分为 2D 游戏、3D 游戏和 VR（virtual reality）游戏。VR 游戏在普通 2D、3D 游戏的基础上融入了传感器技术，是一种崭新的人机交互模式，一个完整的 VR 系统应包括虚拟现实数据库、计算机、输入输出交互设备、数据库及应用软件。

随着游戏产业的发展，游戏在类别上互相融合的趋势愈加明显，未来的网络游戏复合性将越来越强，许多单一类别的游戏可能不复存在，新的游戏类型可能不断涌现，届时可能会出现新的游戏分类方式和游戏类别体系。

二、网络游戏作品的特征

网络游戏虽能够囊括文学、音乐、美术、舞蹈、建筑、戏剧、电影等传统艺术元素，但其特征并不止于此。在表现其中任何一种艺术元素时，网络游戏所采用的呈现手法有相异之处。具体可以归结为以下几点：

（一）交互性

与传统艺术形式的单向交流不同，网络游戏需要玩家的持续操作方能体现其全部艺术内容，而并非被动接受的、置身事外的。不同于传统的非交互性艺术形式，任何一项游戏均需要游戏参与者发挥主观能动性推动整个进程，而计算机程序恰好能够为游戏提供一个交互性的系统平台。游戏玩家往往需要在游戏中扮演一定的角色，譬如在剧情类的游戏中，游戏玩家常常是故事的主角，需要作出一系列选择以推动情节发展，游戏的叙事功能方可得以发挥，其故事情节的艺术元素方能一步步呈现。

每一种游戏类型，甚至每一个游戏步骤的交互性强度往往是不同的。交互性最低可以体现为"按某键以继续游戏"的指令需求，譬如在角色扮演游戏中，需要玩家进行操作的指令需求往往较为简单；而在格斗游戏、竞技游戏中则较为复杂，需要对游戏规则和指令较为娴熟。交互性强度最高可以体现为电子竞技项目中一系列复杂的决策和操作。

（二）开放性

传统的音乐、电影等艺术作品在呈现方式上均具有固定的顺序与结果，是一个封闭的系统——如音乐作品体现为听觉上一系列音符、节奏等的固定组合，电影作品体现为以预设顺序呈现的一系列视听画面的固定组合。而网络游戏则是一个相对较为开放的系统，具有多样的、可协商的结果可能性[1]。在互动媒体技术的基础之上，网络游戏能够提供给玩家不同的游戏路径选择，根据玩家的操作，每一次的故事情节、胜负结果都可能不同。因此，网络游戏是一种开放性的艺术形式，其数据库中所承载的艺术元素是碎片化的，其最终呈现在运行动态中的视听画面可能并不相同。

不同的游戏有着不同的开放性程度。开放性最弱的游戏当属解密类、剧情类游戏。解密类游戏通常具有唯一的或极为有限的解密路径，剧情类游戏通常预设了大量完成的故事情节，与电影作品较为接近。目前开放性最强的游戏应当属于沙盒类游戏，沙盒类游戏结果往往是完全不可预测的，甚至趋近于无限种可能性。如在《绝地求生》中，游戏预先设定的、固定不变的部分包括背景故事、人物形象，以及一个极为丰富的游戏地图；但每一局游戏中的装备分布地点、可能遇到的玩家、击杀方式、击杀数量等均是随机的，每一局游戏所发生的故事情节完全取决于本局游戏中数十个玩家的操作，因此可以说，在此类游戏中，任何两局游戏所呈现的视听画面完全相同的概率几乎为零。

（三）虚拟现实性

网络游戏通过对现实世界不同程度的模拟和映射，搭建了一个可以让玩家置身其中的虚拟世界。在计算机网络技术产生之前，人类进行游戏只能依靠现实生活中的道具、语言的交流、障碍的设置等，整个游戏过程由人们的想象和行动凑成。但在网络游戏中，整个游戏进程都是可感知的，都形成在二维或三维的视听画面之中。网络游戏的虚拟现实特征不只体现在虚拟技术所带来的场景画面上，更为重要的是网络游戏具有强大的叙事功能、社交功能以及情感负载功能，玩家能够在游戏中获得同现实世界类

---

[1] See Jesper Juul, "The Game, the Player, the World: Looking for a heart of Gameness", at http://www.jespeijull.net/ludologist/.

似的情感体验和社会属性，是一个区别于日常生活和现实社会的虚拟社会。

不同类型的游戏的虚拟现实性可着重体现在不同方面。譬如足球游戏、围棋游戏，其虚拟现实特性主要体现在游戏元素、游戏规则方面；剧情类游戏的模拟现实特性主要体现在场景画面、人物关系、故事情节方面；在 VR 游戏中，虚拟现实特性主要体现在游戏画面与现实场景的交互方面；而虚拟现实特性最强的应当是一些大型的多人在线网络游戏，如《热血传奇》《梦幻西游》等，其虚拟现实特性可体现在从衣食住行到社会结构等各个层面，甚至能够对现实社会形成价值反馈（如游戏装备的现金交易），从某种程度上已经成为一个较为稳定的虚拟社会。

三、网络游戏作品的创作流程

按照技术分工的不同，网络游戏作品的创作研发流程包括游戏策划、游戏设计和游戏编程三个层面。游戏策划过程即游戏创意产生的过程，包括游戏的核心理念、整体架构、游戏规则、背景故事、剧情等。游戏设计主要负责美术（游戏界面、角色形象台词、场景、道具、动作、特效等）、音乐（背景音乐、音效）以及在游戏中各种可识别的标记、符号等。游戏编程即将策划与设计进行写码，形成计算机程序的过程。这些创作全部都通过编写代码的形式一点点固定下来，最终形成完整的游戏作品。

根据完成进度来划分，网络游戏开发流程可以分为概念设计阶段（concept stage）、详细设计阶段（elaboration stage）和调整阶段（tuning stage）。在概念设计阶段，游戏开发团队会决定游戏的总体理念、目标受众、市场定位。这一概念如获通过，则进入详细设计阶段，亦即游戏开发的最核心阶段。在这个阶段中，游戏开发团队需要敲定游戏的基本架构（游戏规则与玩法、游戏机制），创建游戏关卡、故事情节等，并开始进行音乐美术资源的制作。这一阶段将形成一个较为完整的、可供测试的游戏原型。调整阶段是对已开发完成的游戏成果进行打磨、润色的过程，也是对游戏中无法正常运作或价值微小的功能、元素进行删减、重塑的过程。

根据游戏类型的不同，网络游戏开发的着重点也不同。在剧情类网络游戏开发过程中，人力和资金投入最多的部分应当是人物形象、故事情节、场景画面等设计；在社交类游戏开发过程中，如何通过游戏机制的设计来引导玩家进行互动是最为重要的问题；在竞技类和策略类游戏开发过程中，游戏规则与玩法设计通常会经历长时间的反复测试、调整。

整个游戏开发过程通常会以"设计文档"的形式进行记录和保存。设计文档需与游戏开发进程保持同步，每个新增的游戏机制、游戏关卡、音乐、美术、文字等元素都会被记录到设计文档之中，因此，游戏设计文档成为"活文档"（living documents），能够反映整个游戏开发进程。总而言之，游戏的开发过程是一个复杂的过程，既包括整体架构的设计，也包括细节的不断调整，是将文学、美术、音乐、戏剧等元素不断整合为一个有机整体的过程，并以代码的形式固定下来，最终一一体现于在电子设备上运行的多媒体形态之中。

因此，从研发技术和创作分工的角度看，网络游戏是多种技术和智力劳动的综合产物，不仅包含剧情脚本等文学创作和角色外观等美术创作，也包括道具体系、数值策划、胜负规则等玩法设计，并通过多种技术汇总形成网络游戏程序，通过下载安装的方式将游戏内容提供给玩家。

第三节 网络游戏产业利益相关主体

我国粤港澳大湾区已经成为全球游戏产业的新高地，国内大中型游戏企业多聚集于此。全球收入排名前十的游戏企业中，有八家企业分别分布在日本东京湾区、美国旧金山湾区和我国粤港澳大湾区（腾讯公司和网易公司）。2019年2月，中共中央、国务院印发了《粤港澳大湾区发展规划纲要》，标志着粤港澳大湾区的知识产权发展进入快车道，粤港澳大湾区知识产权创新、运用和保护新机制将逐步推进，给我国游戏产业发展提供了政策环境和战略机遇。据娱乐软件商会组织 IDSA（Interactive Digital Software Association）统计，北美的游戏产值从2001年起就已超过100亿美元，游戏全球销售收入已经超过本土的好莱坞电影产业。我国更是如此，2016 年，游戏产业规模已经达到了 1655.7 亿元，是电影产业规模的 3.6 倍；其中，自主研发的游戏产业规模达到 1182.5 亿元，全年海外市场销售达到 72.35 亿美元[1]。至 2018 年，我国自主研发网络游戏市场实际销售收入已经达到 1643.9 亿元，其中自主研发网络游戏海外市场实际销售收入更是达到 95.9 亿美元[2]。

要研究网络游戏著作权法律问题，则需充分梳理网络游戏产业发展的参与主体与其利益相关主体，分析各方行为趋向与利益诉求，尤其是涉及网络游戏创作、使用与传播的主体——包括游戏开发商、赛事组织者、直播平台、电子竞技职业选手、游戏玩家等，以及游戏产业与影视、文学、动漫产业之间联动的参与主体和互动模式，进而为后续的网络游戏著作权问题研究提供一个清晰的视野。

一、主导方：游戏开发商

主导方应当是在产业发展中占据核心地位、发挥主要推动作用的参与主体。网络游戏产业的主导方应是游戏开发商、游戏工作室或个人等游戏作品的创作者，也是整个产业链条产生的源头，决定着未来产业的走向。早在 2008 年，我国的自主研发型游戏公司就已达到 131 家[3]。截至 2017 年底，我国的上市游戏企业达到 185 家，新三板挂牌游戏企业 158 家，全年共出版国产游戏 9310 款[4]。一个优秀的游戏作品是产生后续赛事组

---

〔1〕 参见中国音像与数字出版协会游戏出版工作委员会（GPC）、CNG 中新游戏研究（伽马数据）、国际数据公司（IDC）编：《2018 年中国游戏产业报告（摘要版）》，中国书籍出版社 2018 年版，第 11~14 页。

〔2〕 参见中国音像与数字出版协会游戏出版工作委员会（GPC）、CNG 中新游戏研究（伽马数据）、国际数据公司（IDC）编：《2018 年中国游戏产业报告（摘要版）》，中国书籍出版社 2018 年版，第 15~18 页。

〔3〕 数据来自《2008 年度中国游戏产业调查报告摘要》。

〔4〕 参见中国音像与数字出版协会游戏出版工作委员会（GPC）、CNG 中新游戏研究（伽马数据）、国际数据公司（IDC）编：《2018 年中国游戏产业报告（摘要版）》，中国书籍出版社 2018 年版，第 10~12 页。

织、游戏直播以及影游联动的基础，是撑起未来几年甚至数十年经济利益的最重要支点。一个新的、更加优秀的、更具可玩性的、生命力更加持久的游戏作品的产生，可能会带来整个游戏行业生态的颠覆。

游戏开发商的主导地位是持续性的，即使是在游戏创作完成并发布之后，开发商仍然享有对游戏产品内容的即时控制权。印刷时代的文学作品想要修改内容只能再版，光盘时代的单机小游戏想要更新只能重新刻录，但网络游戏是即时反馈、深度互动的综合性文化娱乐产品，往往具有持续的可玩性和用户黏性。在长期的运营过程中，根据玩家反馈和市场需求，并结合新技术、新创意，网络游戏开发商可以根据具体情形对游戏内容进行调整、更新。

二、运营方：赛事组织者与直播平台

游戏直播是指由主播展示游戏技巧、解说游戏过程或播放游戏节目的在线视频传播形式。网络游戏直播平台是指以游戏内容为主要直播内容的网络直播平台，供主播或玩家将其游戏操作实时画面进行全程播放，同时也包括对游戏赛事直播及其他相关节目的实时报道。近年来，游戏直播产业发展迅速，截至 2016 年，我国的游戏直播市场规模达到 28.3 亿元，游戏直播用户已达 1 亿人。从 2017 年 5 月至 8 月的数据来看，目前我国直播平台的收入来源主要包括直播用户打赏和广告两个方面，且主要是来源于《英雄联盟》《王者荣耀》以及《绝地求生》这三款电子竞技项目的业务板块[1]。

赛事组织者一般是针对网络游戏中的电子竞技项目而进行赛事举办和产品输出，是产业的重要参与主体。赛事是电子竞技产业链的核心，蕴含着巨大的商业价值。韩国和日本的电子竞技产业起步较早，韩国电子竞技产业在 2002 年就已经形成 70 亿美元的市场规模，成为国民经济中的支柱

---

〔1〕　参见中国音像与数字出版协会游戏出版工作委员会（GPC）、CNG 中新游戏研究（伽马数据）、国际数据公司（IDC）编：《2018 年中国游戏产业报告（摘要版）》，中国书籍出版社 2018 年版，第 10~12 页。

产业之一；已经发展几十年的日本电子竞技产业也已超越其国内汽车工业规模[1]。从电子竞技用户数量和游戏直播观众数量来看，中国是全球最大的电子竞技市场。近几年，国内的电子竞技赛事产业的发展已经起步，我国也愈加重视电子竞技产业的发展。在我国，电子竞技已经成为国家体育总局批准的第 99 个正式体育竞赛项目；2013 年，国家体育总局组织成立了我国首支电子竞技国家队；官方或非官方的、全国性或地域性的电子竞技赛事也越来越多，如 2016 年我国举行的首届国家级全国移动电子竞技大赛（CMEG），国内的《英雄联盟》LPL 职业联赛以及《王者荣耀》KPL 职业联赛均已具有较大规模并持续快速发展。

三、参与方：选手、主播与玩家

以"玩游戏"的方式参与到网络游戏产业中的职业化主体包括职业选手和游戏主播。游戏产业尤其是电子竞技产业的发展形成了许多新的高收入职业——职业选手和游戏主播。二者的共同特点是游戏水平较高，职业选手通常身兼主播一职，游戏主播中除"草根主播"以外也不乏退役职业选手。顶尖的电子竞技职业选手收入十分可观，目前我国电子竞技职业选手的收入主要来源于签约费、月薪、代言费以及赛事奖金，其中俱乐部签约费和直播平台签约费是主要部分。Super Data Research 和 Newzoo 联合发布的报告显示，2013 年全球电子竞技赛事的总奖金额达到了 250 万美元，2014 年电子竞技选手所获赛事奖金收入达到了 680 万元，而 2016 年我国职业选手仅俱乐部签约费最高就已达到 200 万元[2]。除依靠俱乐部和赛事组织以外，中国传媒大学、澳门科技大学、蓝翔技校等学校已经开设了电子竞技相关专业，以培养选手、教练、解说等电子竞技专业人才。

---

〔1〕 参见杨敬研等：《韩国电子竞技产业的发展与启示》，载《经济导刊》2010 年第 9 期，第 11 页。

〔2〕 参见《Newzoo：2013 年全球电竞市场报告》，载 http://www.l99it.com/archives/207916. html，最后访问日期：2017 年 5 月 6 日。

普通游戏玩家也是一个不容忽视的庞大群体。截至 2016 年上半年，中国游戏玩家数量已经达到 4.89 亿人，2018 年我国游戏市场用户规模已经达到 6.26 亿人[1]。从与游戏厂商的关系来看，普通玩家的需求是游戏开发中需要考虑的重要因素，游戏玩家在游戏过程中也会不断给厂商以信息反馈，包括游戏缺陷、平衡性调整、游戏效果的优劣等。从与赛事组织和直播平台的关系来看，普通玩家是电竞赛事和游戏直播的主要用户来源，玩家的打赏也是游戏直播平台收入来源之一；从与职业选手和游戏主播的关系来看，选手和主播的粉丝主要来源于普通游戏玩家，而选手和主播也是从普通玩家之中脱颖而出的。因此，普通游戏玩家对于网络游戏产业发展的重大意义和重要地位是显而易见的。

四、联动方：文学、影视、动漫等产业

由影视作品、文学作品改编而成的游戏已经较为常见，如由影视作品改编而成的游戏《青丘狐传说》在移动游戏市场表现出色。此外，除游戏产业从其他行业获取改编授权外，游戏产业也渗透至其他领域，其中，游戏与电影的联动最为密切。2001 年至 2017 年，全球范围内游戏改编电影大约有 31 部，占整个美国电影市场份额的 0.3%；美国市场总票房达到 11 亿美元，占整个美国电影市场份额的 0.7%；平均票房 3548 万美元，较平均值 1652 万美元来说更高；总观影人次 1.5 亿人次，平均观影人次 483.8 万人次，较平均值 228.1 万来说更高[2]。因此，从票房表现来看，游戏改编电影普遍表现较好。我国自主研发的游戏越来越多，而自主研发的游戏只要拥有足量的内容支撑和市场关注度，完全具备改编为其他作品的可行性，游戏中的人物形象、背景故事、场景画面等元素为影视化提供了良好的基础，如电影《魔兽》在国内市场就取得了极大的成功。腾讯公司甚

---

〔1〕 参见中国音像与数字出版协会游戏出版工作委员会（GPC）、CNG 中新游戏研究（伽马数据）、国际数据公司（IDC）编：《2018 年中国游戏产业报告（摘要版）》，中国书籍出版社 2018 年版，第 10~12 页。

〔2〕 参见《IP 的绝地求生与养成：从小说、动漫、电影到游戏，"大逃杀"的兴起之路（下）》，载 https://www.gelonghui.com/p/157911，最后访问日期：2018 年 1 月 5 日。

至根据《王者荣耀》推出了一款真人实景对抗赛节目《王者出击》，探索在娱乐产业中游戏内容的多元化利用可能性。总之，游戏产业与影视、动漫、小说甚至综艺节目等其他行业之间的联动仍具有极大潜力和空间，市场价值尚待挖掘。

第三章

网络游戏著作权理论争拗与回应

在电影作品产生之初，对其作品性质、创作行为方式和保护标准也曾有过诸多讨论和阐释。现代社会技术进步愈加日新月异，随之而来的创作技术、作品性质和传播方式愈加复杂多变，网络游戏对传统著作权制度所带来的冲击似乎是空前的，也是全面的——在著作权客体性质、涉及主体及权利归属、相关主体的利益边界等各个方面的问题上，各国司法实践做法不一，研究者观点分歧较大。原因在于，网络游戏著作权保护问题所提出的不仅仅是制度层面的冲击，更是理论层面的挑战；与此同时，这也是著作权法理论发展的契机。网络游戏著作权保护的理论依据首先需要明确，理论冲突也需要厘清，相关理论的内涵更应得到追溯、丰富和发展，在此基础上方能对相关制度性问题展开研究。

第一节　网络游戏著作权保护的理论基础

在经济技术飞速发展、社会结构不断变换的时代，对于著作权法甚至知识产权法未来将以何种形态存在这一问题，学者们亦存有不少猜测和隐忧；但著作权法存在的正当性和必要性不会改变，著作权法促进文学、艺术、科学发展进步的立法意图将不会改变，先验唯心主义、功利主义、自然法和社会法等法哲学中与著作权法相关的基本法理仍将继续指导着著作权制度应对社会发展与技术冲击。其中，著作权客体论和扩张论更是为网络游戏等新型客体获得著作权保护提供了理论依据。

一、法哲学依据

（一）唯心主义哲学：黑格尔"精神产品"说

先验唯心主义哲学（transcendental idealism）认为，人的心智具有自主存在的性质，人的观念与概念并非看起来那样是对世界的反映，而是独立于经验之上而存在的[1]。这一哲学思想赋予了人的智力活动极高的地位，也是黑格尔"精神产品"说产生的思想源泉。黑格尔认为，精神技能、科学知识、艺术以及发明等抽象的精神产品，都可以成为契约的对象，而与买卖中所承认的物同一视之。然而对于"通过精神的中介而变成的物"——即当精神产品具有了物质承载形式，则应该把该物的所有权与相关的某一些权利分离开来，将这一部分权利留给精神产品的创作者，以体现其意志，如"复制它的可能性"[2]。

黑格尔通过人的意志解释了为何精神产品之上应当存在专有权利，这一论述被视为对知识产权的直接论述。大陆法系认为作品是作者人格的反映的观念、《伯尔尼公约》赋予作者以表明身份的权利也印证了黑格尔"精神产品"学说在著作权领域的重要地位，也能够为网络游戏这一艺术形式受到著作权法保护提供法哲学依据[3]。

（二）自然法视野下：洛克"劳动财产权"说

英国哲学家约翰·洛克（John Locke）关于劳动财产权的正当性学说通常也被认为能够解释知识产权的正当性来源。在洛克假设的一种自然状态中，所有的人、事、物都是完全自由的，完全自由即意味着每个个体都无权干涉他人，只能够对自己的人身拥有支配的权利。因此，每个人也应当有权用自己的身体和双手进行劳动，这种劳动也是正当地属于他的。但是，当一个人通过自身的行为使得任一事物脱离了原本的自然状态，该事

---

[1] Guido de Ruggiero, "Idealism", *Encyclopedia of the Social Sciences*, Ⅶ, p. 568.

[2] 参见 [德] 黑格尔：《法哲学原理》，范扬、张企泰译，商务印书馆 1961 年版，第 43 节附议。

[3] 《伯尔尼公约》中 "the right to claim authorship of the work" 翻译为 "主张作者身份权" 或 "表明作者身份权"。

物中也就渗进了他的劳动，加入了本属于他自己的东西，这是他人无权干涉的东西，因此该事物能够成为他的财产而产生一种排斥他人的权利[1]。

洛克的学说能够解释智力劳动成果之上为何存在专有权利的问题，也与著作权法领域诸多原理相契合，如英美法的"额头出汗"原则。网络游戏作为科技进步带来的"脱离自然状态"的新型智力劳动成果，自然也应当获得著作权法保护。

（三）功利主义的制度目标

功利主义（utilitarianism）法哲学认为，人类社会始终是被苦与乐所主宰的，人类的任何行为均在苦与乐的统治之下进行，并被指明什么应当做、什么不应当做以及应当怎么做。杰里米·边沁（Jeremy Bentham）继承并发展了这一哲学，认为一项法律的制定不能独立于或者对抗个人的利益，应当促进整个社会的利益，那么此项法律便是善的[2]。法律应当通过奖励与惩罚的手段来鼓励私人的创造努力和进取心。功利主义法哲学对英美法系版权制度的建立有极大的推动作用，世界上第一部版权法《安娜女王法》也将版权视为一种调控社会的工具，认为该法的立法目的是鼓励有知识的人们创作和写作有益的书籍。

功利主义法哲学能够为网络游戏获得著作权法保护提供正当性基础。显然，按照边沁的观点，并非所有的作品之上都天然地存在着专有权利，赋予作者以权利应当促进整个社会的利益。网络游戏发展至今，已经形成了庞大的产业链条，产生了巨额的利润，提供了大量的就业机会，其背后所蕴含的社会利益不言自明。将网络游戏纳入著作权保护范畴，能够促进产业与社会经济发展。相较于洛克和黑格尔的学说，功利主义法哲学进一步提出了"何种作品应当受到著作权法保护"的问题。并且，功利主义法哲学与著作权领域的利益平衡、激励创新等法律原则也存在着内在联系，在是否所有的网络游戏均能获得保护、应当获得何种保护等问题上仍然有

---

〔1〕 参见［英］洛克：《政府论》（下篇），叶启芳、瞿菊农译，商务印书馆1964年版，第17~20页。

〔2〕 ［英］边沁：《道德与立法原理导论》，时殷弘译，商务印书馆2000年版，第2~3页。

理论价值。

(四) 法社会学的价值推动

德国法学家约瑟夫·科勒 (Joseph Kohler) 提出的法学理论被认为受黑格尔影响,但同时具有社会学的成分——他认为法律应当发挥这样一种作用,即保护现存的价值并使得新的价值得到增进,从而推动人类文明的进化。永恒的法律是不存在的,因为每一种文明形态都需求不同的法律,因此,法律也应当不断进化以适应新的社会形势。奥地利思想家尤金·埃里希 (Eugen Ehrlich) 进一步发展了社会法理论,提出"活法"(living law) 的概念,认为真正的实在法是一个联合体的内在秩序,是实践中的法律。法哲学家雷昂·彼得拉日斯基 (Leon Petrazycki) 认为,在日常的社会生活中,我们认为自己和他人按照权利与义务合法行事,事实上并非因为法典或者法律之中有此陈述,而是因为我们本就确信应当如此[1]。因此,个人知觉、社会经验与大众认知在解释和推动法律方面有着重要作用。

社会法的思想能够为网络游戏作为新型客体而获取著作权保护提供正当性依据,也能够解释著作权客体的扩张趋势。在公众认知之中,网络游戏已经成为第九类艺术,同其他著作权作品一样具有艺术价值。从产业形态来看,网络游戏具有作品的形态,且与文学、电影等其他著作权作品之间能够互相转化。因此,网络游戏在"活法"层面应当落入著作权保护的客体范畴。相应地,对网络游戏相关法律现象和司法实践问题的理解和解释也不可脱离社会现实。

二、著作权客体论

首先,著作权法所保护的作品应当满足独创性要件。从经验角度,独创性首先表现为独立创作这一事实。英美法系即从创作行为出发对独创性标准进行考察,从而概括为"额头出汗"原则。一方面,"额头出汗"意

---

〔1〕 *Law and Morality*, p. 57.

味着独创性的最基本要求是作品应当来源于作者，是作者思想感情之外化，作者与作品之间应当是真实的创作与被创作的关系，而非抄袭；另一方面，"额头出汗"意味着创作这一行为是具有劳动属性的，作品是脱离了自然状态的劳动产物，具有成果性价值。若无人"出汗"，则不具有独创性。显然，"额头出汗"与洛克的劳动理论相符合，但这一独创性标准对于著作权客体的要求是较低的。从抽象的角度理解，独创性表现为一定的创作高度，即该作品应当具有一定的创造性和文学艺术价值，或表现为作品中所凝结的作者之个性，即该作品区别于其他同类型作品之处及其特点之所在。

其次，著作权法所保护的作品应当具有可复制性，即有着可固定、可复制的表达形式。要求著作权客体具有形式要件的原因在于作者在创作过程中的思想、情绪、创意、灵感等抽象理念需依靠一定的有形表达予以固定，方能凝结为客观世界中的具体作品，若仅处于思想形态，不具有表达形式，则无法获得著作权法保护。上述观念和情感一般通过文字、符号、数字、色彩、音符、造型、形体动作等形式表现出来[1]。可复制性也同样是作品获取著作权保护的基本要件，若作品是不可复制的，则不具有被侵权与权利行使的可能性，便不具有对其著作权保护的必要性与可行性。在历史进程中，技术的进步将不断为人类智力成果带来新的创作方法，但只要作品属于独创性的智力劳动成果且是可固定、可复制的，则应当受到著作权法的保护，而不应拘泥于其表达所采取的具体形式。

网络游戏具有独创性与可复制性，同样是由文字、色彩、线条、数字、音符、造型、动作等来组成作品，而这些内容与传统的文学作品、美术作品、视听作品等同样属于智力成果的表现形式。因此，网络游戏符合著作权客体"智力成果说"所要求的独创性与可复制性构成要件，具有著作权客体适格性。

---

〔1〕　参见齐爱民等：《著作权法体系化判解研究》，武汉大学出版社 2008 年版，第 34 页。

三、著作权扩张理论

界定著作权法所保护客体范围的标准应当是趋于稳定的，著作权人所享有的权益与公有领域、公众利益也应当是保持平衡的。在此前提之下，著作权客体体系和权利体系一直在稳步地扩张。

（一）客体体系扩张

根据《伯尔尼公约》之规定，著作权法保护的作品应当包括文学、科学和艺术领域内的一切作品，而不论其属于何种形式。因此，著作权客体概念的内涵应具有概括性，客体概念的外延应具有可扩张性。成文法天然具有滞后性，无法通过列举的方式来穷尽一切未来可能发生的情形，因此，法律在对著作权客体范围进行界定时，应明确概念内涵的开放性。关于著作权，各国著作权法也普遍采取开放式的立法模式，对著作权所保护的作品内涵进行概念性的规定，并辅以作品类型的不完全列举，以给予著作权客体范围一定的可扩张性。

技术发展将为著作权法不断提供新的潜在客体，因此，著作权客体范围应当是开放的，但其构成要件应当是严格的。随着科技进步和经济发展，著作权法所保护的对象范围将逐渐扩大，但这些潜在对象并非当然地受到著作权保护，而是需要经过著作权客体适格性要件的严格筛选。著作权法客体范围界定过宽，将会挤压共有领域空间，阻碍文化传播和社会进步；著作权法客体范围界定过窄，则无法给创作者提供应有的激励机制，同样不利于实现著作权法的社会功能。

网络游戏产生于技术进步所带来的新的创作方法，也包含了新的独创性元素。依靠计算机网络技术与互动媒体技术的结合，网络游戏能够将传统作品所不具备的交互性元素以游戏规则的形式予以固定，最终具象化地表现为游戏运行动态中的一系列设定，如参数（价格、血量、伤害值等数值系统）、图形（路线、障碍、地图等图形系统）、音乐（操作音、提示音等示意）、文字（背景故事、角色姓名、道具名称、技能名称等各类简介）、视觉特效（如技能的命中与否、弹道范围、颜色变换）等。

有观点认为，竞技类游戏如同体育项目一样，不能构成作品。从形式要件上看，体育竞赛所依附的是体育器材、场地，不属于固定在一定载体之上的智力成果；从实质要件上看，体育竞技所依靠的规则是历史形成、民众智慧的结晶，为所有体育爱好者熟知，从诞生之日起就属于公共领域。而竞技类游戏同时具备作品的形式要件和实质要件。从形式要件上来看，游戏有两种作品存在形态，即代码形态和多媒体形态，这类似于音乐作品具有乐谱形态和 MP3 形态，摄影作品具有胶卷形态和照片形态。这两种形态都能是一种完整的作品样式，都能够包含思想和表达，都承载和展现了独创性，都可复制，但直接体现游戏作品内容的多媒体形态仍是主要形态。从实质要件上来看，此类游戏要形成竞技，依靠的是大量的游戏规则，如游戏地图中的地形、防御塔、基地，上千个不同的游戏角色的技能，比赛之前的 Ban/Pick 机制等。这些游戏规则非常复杂，倾注了创作者大量的心血，进行了大量的智力、财力投入，这些规则的设定对于游戏公平性的影响极大，若某一技能设定过于强大，那么整个游戏的公平性就会被破坏，甚至无法再进行竞技比赛。

一方面，网络游戏能够以其自身的方式来表达其他文学艺术作品所不具备的思想和信息。以游戏中的视觉特效为例，视觉特效属于美术元素，当然能够体现艺术性与美学追求，但更重要的是，视觉特效存在的意义是为了表达每一项技能的具体使用规则设定，以指导玩家进行操作。譬如，技能特效的效果范围显示了该技能的弹道范围，超出范围将无法对敌方造成伤害，玩家通过观察技能特效的效果范围便可以得知这一操作规则。又如，不同技能特效或快或慢的反应速度可以表示该技能的攻击前摇，即从玩家发出攻击指令到角色完成攻击动作所需的时间，玩家在尝试中便可以逐渐掌握这一操作规则。类似的表达还包括数值、文字、颜色变换、提示音等，这些元素承载了创作者的设计意图，在游戏中的运行方式需要精心计算和反复测试，才能自洽并产生趣味性，并最终形成作品，传达给玩家。

另一方面，网络游戏能够以其特有的方式来表达其他文学艺术作品中的思想和信息。网络游戏在运行动态中呈现给用户一系列可识别性的文字、标识、音效配乐、影像、特效等要素，这些要素的组合可能构成对某一思想理念的表达。在 2017 年玩蟹游戏公司侵权一案中，北京市海淀区人民法院认为涉案游戏通过游戏运行界面、人物关系塑造、卡牌人物形象并配以文字介绍等一系列内容设定，以网络游戏的形式和方式表现了《四大名捕》系列小说中与四个知名人物相关的作品内容，侵犯了原告小说中独创性作品内容的改编权。

网络游戏的交互性来源于创作技术的允许，体现在作品表达方式上，并且延伸至作品使用和传播的方方面面。计算机技术与互动媒体技术的结合，使得网络游戏这一作品具有了更多参与的可能性，并且这种参与是游戏作品实现其艺术价值的必经之路，也是游戏创作者的思想通过作品传达给大众的必要过程。这一交互的过程对于传统作品而言是隐性的，因为对于文字作品、美术作品、电影作品的欣赏是被动接受的，并不存在任何区别。但是，网络游戏则颠覆了这一传统模式，仅仅看一个游戏程序或其代码，并不能实现作品思想的传达。运行游戏程序，如果不进行操作，作品表达的过程也无法实现。只有在进行互动操作的同时，游戏的思想才能传达给用户，才能像文字作品、美术作品、电影作品一样被欣赏、被使用，才能实现其艺术价值。显然，传统的著作权制度设计并未涉及这一交互过程。

（二）权利体系扩张

与著作权客体体系基于创作技术的进步而逐渐扩张一样，著作权权利体系的范围也在随着复制和传播技术的进步而不断拓宽。在印刷时代，著作权人的复制权发挥了最为核心的控制效力。而在数字时代，复制和传播的方式变得无比快捷，复制件的质量与原件几乎无差，任何网络用户均可进行这类高质量的复制，并不需要大规模的机器和任何成本。此时传统的复制权所控制的通过物质载体制成作品有形复制件的行为，难以适用于数字复制和传播行为。我国学界认为，著作权人应当享有一项新的著作权子权利以控制数字复制和传播行为，信息网络传播权便应运而生。

网络 3.0 时代，在多媒体和交互式传播技术的冲击之下，面对聚合链接、直播等问题，著作权人开始寻求兜底权利的保护——包括一项广义的向公众传播权以及应当由著作权人享有的其他权利。著作权人对作品享有的人身和财产权利在网络环境中当然也应受到保护，但是网络游戏著作权人的权利保护范围似乎更加难以划定。在侵权保护标准、权利冲突边界、权利限制和公有领域保留等问题上，网络游戏著作权权利扩张的限度也应当回归理性。

第二节　网络游戏著作权保护的理论争拗

一、网络游戏著作权客体属性之争

长久以来，经济和技术发展所带来的新的作品不断地被纳入著作权客体体系，但是著作权法上的作品概念并没有科学地建构起来，也没有一个能够普遍适用的作品分类标准。这一理论缺失导致著作权法在面对新客体的时候显得手足无措，学界观点各异，司法实践也各行其是。在目前的作品理论框架之下，对网络游戏作品性质的观点主要可包括"集合作品说""视听作品说"以及本书将要提出的"独立客体说"。

（一）网络游戏"集合作品说"

网络游戏"集合作品说"是以目前著作权法所保护的客体类型为逻辑前提的较为保守的一派观点。目前我国学者大多持"集合作品说"，认为网络游戏中可能包含文字、美术、音乐、电影等诸多传统文学艺术元素，属于多种传统著作权作品类型的集合体。

既为集合，则需拆分。作为著作权作品的集合体，网络游戏应当从何种角度进行分解，作品类型应当从何种角度进行界定，究竟囊括哪些著作权作品类型，学界观点不一，众说纷纭。从软件角度，网络游戏可被拆分为游戏引擎（Game Engine）、艺术资源库（Source Artlibrary）和地图档（MAPfiles）三个组成部分。有观点认为网络游戏的客体性质既可以从游戏引擎的角度认定为计算机程序，也可以从电子设备终端呈现的视听界面的角度进行认定，应当根据个案中的不同游戏性质偏向来定性为相应的作品。有学者认为网络游戏客体性质的区分应当从"游戏本身固定的内容"与"游戏临时呈现的内容"这两方面进行，游戏资源库可能构成汇编作品[1]。一般认为，除游戏程序构成软件作品以外，游戏中涉及的故事情节、形象、图片、音乐等资源如满足独创性要件可以作为文字、音乐、美术作品或图形界面设计等受到著作权保护。由于网络游戏强大的包容性，从技术上也可以包含建筑作品、图形作品等其他可能的作品类型。

"集合作品说"的优点可以体现在以下两个方面：

第一个方面，网络游戏"集合作品说"并不突破我国现行《著作权法》的客体类型框架。我国《著作权法》并未对著作权客体概念进行规定，《著作权法》第3条对作品类型亦采取列举式的立法模式。在此封闭框架之下，将网络游戏视为作品的集合体，并进行拆分认定，的确不失为合理的路径选择。因此，网络游戏"集合作品说"也得到了司法实践的广泛应用。在《奇迹MU》诉《奇迹神话》游戏著作权侵权案中，法院认为"在网络游戏的著作权保护中，作品类型可从多种角度进行界定"[2]。在网络游戏《战舰少女》的著作权权属纠纷案中，法院认为涉案游戏并不能简单地整体归入《著作权法》第3条规定的任何一种作品类型，而是"集合不同作品要素形成的作品"[3]。

第二个方面，网络游戏"集合作品说"在法律适用上具有灵活性与针对性，为法官提供了一定的选择与裁量空间，能够为具体个案中的网络游戏提供相适宜的著作权定性与保护。"集合作品说"并未将网络游戏的可著作性限定在某一个作品类型之下，游戏中的各式传统文学艺术元素只要符合作品构成要件，均可能受到著作权保护。正由于此，"集合作品说"能够灵活针对不同的游戏类型、不同的文学艺术元素给予定性和保护。在

---

[1] 崔国斌：《认真对待游戏著作权》，载《知识产权》2016年第2期。
[2] 上海市浦东新区人民法院［2015］浦民三（知）初字第529号民事判决书。
[3] 上海知识产权法院［2015］沪知民初字第633号民事判决书。

我国目前的网络游戏著作权司法实践中，法院也往往遵循"集合作品说"，采取"拆分"和"挂靠"模式——结合个案情形、根据所涉及的具体元素或内容进行判断，并分别将游戏的各个部分定性为文字作品、美术作品、软件作品、音乐作品以及类电影作品等，一定程度上回应了网络游戏著作权保护的现实需求。

就文字素材而言，网络游戏中所包含的一些零碎文本可能各自并不具有足够的独创性，不能分别构成作品。但将文字部分结合起来视为一个整体，若符合作品构成要件，则应认定为受著作权保护的文字作品。譬如，在《奇迹 MU》诉《奇迹神话》游戏著作权侵权案中，涉案游戏的地图、角色、技能、装备、怪物、非玩家角色（NPC）等零碎的名称或简介，文字表达极为简单，且其中某些名称可能并非首创，并不足以满足著作权法上的独创性。但是，法院认为上述零碎的文字所对应的是相应名称或介绍，在游戏程序运行后，通过游戏的剧情或功能等互相建立起紧密联系，作为一个整体而呈现，应当视为文字作品并予以保护[1]。

对美术素材的定性则更为简单。网络游戏中的美术素材可能以各种不同的形式体现，若采取与文字部分相同的定性思路，从整个游戏美术设计的角度进行考量，可以视为一套美术作品。但是，游戏的美术素材更易分别构成独立作品，因为美术作品对于独创性的要求更低，仅仅要求是来源于作者独立创作，且具有最低限度的创造性。在《奇迹 MU》诉《奇迹神话》游戏著作权侵权案中，法院对游戏素材中的地图、场景画面、角色形象、技能图标、装备、怪物等美术设计进行了分析，认为在构图、轮廓、线条、色彩等方面具有独创性，可以分别构成著作权法所规定的美术作品[2]。

（二）网络游戏"视听作品说"

与"集合作品说"相似，网络游戏"视听作品说"也并不试图突破现有著作权作品类型框架，但有异于前者，后者倾向将网络游戏视为一个整体而置于著作权法之下，首先解决的是网络游戏整体是否具有著作权客体

---

[1] 上海市浦东新区人民法院［2015］浦民三（知）初字第 529 号民事判决书。

[2] 参见齐爱民等：《著作权法体系化判解研究》，武汉大学出版社 2008 年版，第 34 页。

适格性的问题，其次才是适格于何种著作权作品类型的问题。持"视听作品说"的学者认为网络游戏这一整体本身属于计算机软件，因此也应当属于受著作权法保护的一项完整作品，具有著作权客体适格性，但与传统的以功能性为主的软件作品不同——网络游戏同时又更具艺术性，呈现出传统文学艺术作品的特点[1]。因此，网络游戏"视听作品说"并不否认游戏中所包含的文学艺术元素可能分别具有独创性，而是将其具有艺术性的部分视为一个整体作品。在此逻辑前提之下，结合目前的著作权法作品类型之规定，网络游戏属于视听作品的结论由此得出。

在游戏抄袭案中，美国在司法实践中率先给游戏提供了整体性的、与电影作品相类似的著作权保护。在 1981 年的电子游戏历史第一案 Atari. Inc v. Amusement World. Inc 中，在对原告游戏《Asteroids》与被告游戏《Meteors》进行实质性相似比对时，法院认为原告主张的电子游戏重要部分为视觉部分而非计算机软件部分，将涉案游戏认定为电影及其他视听作品（motion pictures and other audiovisual work）。因而视觉部分可以以一个录像带形式受到保护。在 Atari. Inc v. North American Philips Consumer Electronics Corp 案中，法庭亦通过对视听部分进行比对，认为被告所开发的游戏《K. C. Munchkin》存在着对原告游戏《PAC-MAN》的抄袭行为[2]。

日本成文法中虽未有针对游戏客体性质的专门规定，但司法实践中的判例也曾将游戏认定为电影作品，并对其构成要件进行了分析。在 1984 年的《PAC-MAN》游戏抄袭案中，东京地方法院认为涉案游戏构成著作权法中的电影作品，因为涉案游戏固定于某一载体上，能够产生影像的动态效果，并以此种形式来表达思想及感情，符合电影作品的效果要件、形式要件以及内容要件[3]。在 1997 年的《心跳回忆》游戏案中，大阪法院认为涉案游戏以类似电影的视听效果为表现方式，同时固定在有形载体上，

---

〔1〕 李杨：《论网络游戏著作权的界定和保护》，载《法制与社会》2016 年第 14 期。

〔2〕 Atari, Inc. v. north American Philips consumer electronics corp, 672 F. 2d 607（7th Cir. 1983）.

〔3〕 参见东京地方法院昭和 59 年（1984 年）9 月 28 日第 534 号判决。

游戏程序运行后在屏幕上播放以供欣赏剧情，包含着丰富的人物、台词和故事情节，因此应属于电影作品[1]。2002 年，日本最高裁判所在 H12-JU-952 号案中也将游戏归于电影作品[2]。

我国已有判例为网络游戏提供整体的、与电影作品类似的著作权保护，但措辞有所不同——或明确游戏属于著作权法保护的作品，或认为网络游戏整体画面可以构成"类电影作品"。在《奇迹 MU》诉《奇迹神话》游戏著作权侵权案中，法院首先对涉案游戏《奇迹 MU》的作品属性进行了分析，认为该游戏"具有一定的故事情节……当玩家开启操作时，游戏引擎根据程序设定和玩家操作在屏幕终端呈现出由文字、图片、声音等素材组合而成的画面，此类画面满足独创性要求并能以有形形式复制，应当受到著作权法保护"。其后，法院援引了《伯尔尼公约》）第 2 条第 1 项对于类电影作品的描述（assimilated works expressed by a process analogous to cinematography）以及我国《著作权法实施条例》对"以类似摄制电影的方法创作的作品"的定义，认为涉案游戏画面作为一个整体固定在一定介质上，由一系列有伴音或者无伴音的动态画面组成，并且借助某种装置放映或在其他设备上传播，具有与电影作品相类似的作品内容和表现形式，从而将涉案游戏的整体画面认定为"类电影作品"[3]。

（三）网络游戏"独立客体说"

在我国网络游戏的著作权客体性质的争议之中，部分学者认为网络游戏与传统著作权客体有明显区别，有极少数法官曾明确提出了网络游戏整体应当属于一个独立作品的观点[4]。但是，"网络游戏属于独立的著作权保护客体"目前仅属于一个模糊的、意向性的观点，尚未有学者对其进行深入研究，也未形成有说服力的结论。在此，进一步强调并解释网络游戏

---

〔1〕　参见韩赤风等：《中外著作权法经典案例》，知识产权出版社 2010 年版，第 33~35 页。

〔2〕　参见日本最高法院平成 14 年（2002 年）4 月 25 日判决、平成 13 年（2001 年）（受）第 898 号、第 952 号判决。

〔3〕　参见上海市浦东新区人民法院［2015］蒲民三（知）初字第 529 号民事判决书。

〔4〕　参见蒋强：《不宜将游戏认定为电影类作品》，载《中国知识产权》2017 年第 8 期；参见孙磊、曹丽萍：《网络游戏知识产权司法保护》，中国法制出版社 2017 年版，第 58 页。

"独立客体说"。

同"视听作品说"一样，"独立客体说"也认为网络游戏作为一个整体具有著作权客体适格性。但是，"独立客体说"更加强调网络游戏是一个新的著作权客体，其作品属性区别于其他作品。网络游戏"独立客体说"认为网络游戏具有区别于传统著作权作品的新型客体性质，是由美术元素、文字元素、音乐元素、计算机软件等构成的复合型的"其他作品"。该学说认为"集合作品说""视听作品说"均是在现行《著作权法》客体类型框架之下的权宜之说，网络游戏应当获得独立的著作权客体地位，即主张在现有的著作权作品类型以外创设一种新的作品类型。网络游戏"独立客体说"并不否认"集合作品说"与"视听作品说"在法律解释上的合法性、在法律适用上的有效性以及在司法实践中所发挥的积极作用，"独立客体说"所探究的是应然层面的问题，也是未来立法路径选择的问题。

首先，"独立客体说"认为网络游戏整体属于一个全新的著作权客体，与传统作品类型之间并不存在种属关系。"独立客体说"并不否认网络游戏中可能包含完整的、单独成型的美术作品、文字作品等，强调的是网络游戏整体的作品性质。在游戏《战舰少女》一案中，上海知识产权法院虽将该游戏认定为各类作品要素组合而成的集合作品，但仍然强调了游戏整体的新型著作权客体性质，认为该游戏"整体无法按照著作权法第三条规定的作品类型进行归类……游戏整体的著作权不同于其中具体要素作品的著作权"[1]。

其次，"独立客体说"认为网络游戏不应被归入著作权法现有作品之中，而应当作为独立的新客体获得著作权保护。有国外学者认为网络游戏作为一个整体属于汇编作品，即"若干作品、作品的片段或者不构成作品的数据或者其他材料，对其内容的选择或者编排体现独创性的作品"[2]；

---

〔1〕 上海知识产权法院［2015］沪知民初字第 633 号民事判决书。

〔2〕 Wilkins, Jon S, "Protecting Computer Programs as Compilations Under Computer Associates v. Altai", *Yale Law Journal*, Vol. 104, Issue 2（November 1994）, pp. 435~470.

也有观点认为网络游戏本质上属于多媒体作品（multimedia work），因为网络游戏是由软件、硬件和用户三方共同参与完成的交互性作品[1]；还有法官曾探讨过电子游戏应当符合哪些条件才能成为一个作品类型[2]。

总的来说，"独立客体说"本身尚不完善，相关研究并不深入，理论支撑较为欠缺，还未涉及对具体制度构建问题进行进一步研究，仍处于萌芽阶段。但是，"独立客体说"正视了网络游戏与传统作品的著作权客体性质之区别，有利于解释"集合作品说"与"视听作品说"何以存在缺陷，以及说明现有作品类型框架下网络游戏著作权保护的问题之根源。要论证"独立客体说"，还需涉及对著作权客体、独创性、作品等概念内涵外延的准确把握和正确解读。

因此，"独立客体说"具备研究价值，可从以下两个方面进一步探讨：

首先，从理论层面看，"独立客体说"需要先解决作品概念界定以及作品类型划分标准的前置问题，方能对网络游戏何以符合作品概念、为何应当成为独立作品等后续问题进行讨论。但目前我国《著作权法》对于作品概念事实上是进行了常识性的界定，学界对于作品概念内涵、作品类型划分的标准等问题也未形成具有说服力的理论体系。因此，"独立客体说"面临着理论支撑不足的困境，这也是其研究的难点之所在。

其次，在制度层面上，"独立客体说"涉及对著作权法作品体系的调整。增设一个作品类型，不仅涉及法律概念的建构，还包括针对这一作品的著作权保护、限制、权利归属、侵权判定等一系列制度与规则的调整，以及立法技术的问题。创设一个新的作品类型不仅需要理论铺垫和概念构建，还需要考虑与现有法律体系的契合问题——在《著作权法》第三次修法时，对著作权客体范围及作品类型采取了开放式立法模式，使得网络游戏可以归于"其他作品"进行保护。因此，是否应当在著作权法中增设作品类型、增设的作品应当是何种类型，以及如何在制度层面回应这项新作

---

[1] NgLoy, WeeLoon, "Multimedia and Copyright", *Singapore Academy of Law Journal*, Vol. 8, Part 1（March 1996），p. 97.

[2] 参见孙磊、曹丽萍：《网络游戏知识产权司法保护》，中国法制出版社 2017 年版，第 58 页。

品所体现出的著作权保护、限制以及具体法规适用的新的需求等问题，尚待讨论。

此外，赋予网络游戏独立著作权客体地位的必要性问题也存在争议。"独立客体说"讨论的是应然的问题，在现有著作权法律框架下没有适用空间，对目前的司法实践缺乏指导意义，不少学者认为目前暂无必要为网络游戏单独创设作品类型，认为在现有著作权客体框架之下能够对网络游戏进行有效的保护。

二、网络游戏著作权权利归属之争

与"作品"一样，"创作"也是著作权法最为基础的概念之一。"创作"与作品的"独创性"概念密不可分，创作行为是作品具有独创性的原因，是作者身份产生的原因。"创作"与作品的"思想—表达"二分法也有紧密联系，创作的过程正是思想产生并且转化为表达的过程。我国学界对于网络游戏著作权权属问题的争议主要集中在创作行为的定性上，包括网络游戏开发过程中的创作行为和游戏玩家的创作行为两个方面。

（一）网络游戏开发过程中"创作行为"的复杂性

网络游戏的虚拟性和交互性导致了其开发过程中"创作行为"的复杂性。网络游戏由许多创意和虚拟元素组成，并且其中的创作行为的层次较传统作品而言更为复杂。一般认为，著作权法上的创作行为，应当是主观上怀有创作意图并且客观上作出实质性贡献的行为。我国《著作权法实施条例》第3条将创作行为定义为"直接产生文学、艺术和科学作品的智力活动"，提供咨询意见、物质条件或其他辅助性工作并不能被视为创作行为。但是，网络游戏的自主开发可能分别涉及编程、美工、音乐音效、文字、配音等方面的基础性工作。这些基础性的开发工作是传统著作权作品所不具备的，且均需要具有一定程度的创造性，很可能分别符合著作权法意义上的创作行为。

为更清晰地解释网络游戏开发过程中"创作行为"的复杂性问题，下面将网络游戏与电影作品的开发过程进行对比。网络游戏与电影作品一样，创作开发过程需要大量的人员参与。但是，两者不同的是——电影作品中视觉部分所包含的场景、角色、物品等形象并不是虚拟的创作成果，而是现实的。道具、布景等工作一般不要求具有独创性，其工作成果也一般不构成著作权法意义上的单个作品，因此电影作品的剪接师、音响师、化妆师、灯光师、剧务等参与者一般不能成为作者，属于辅助工作人员。但网络游戏的视觉部分（地图场景、角色形象、物品形象等）均可能是创造性的劳动结晶，且这些劳动成果能够单独构成著作权法意义上的作品类型，相关人员在网络游戏开发中的参与行为可能符合著作权法对创作行为的要求。

因此，在网络游戏的开发过程中，是否每一个开发环节都可能构成创作行为，从而产生作者身份？在分析网络游戏开发人员的创作行为时，应当适用何种判定标准？如何平衡游戏开发公司和自然人之间的著作权权属利益？其中的正当性依据如何？这都是网络游戏著作权权利归属的理论与制度安排需要考虑的问题。

（二）玩家行为的性质

康德继承和发展约翰·胡伊青加的游戏理论，认为游戏的创作者和参与者在主动创作与被动接受的过程中，都是自由的、解放的，这与艺术的创作者和欣赏者一样[1]。诚然，艺术创作和艺术欣赏都是人类主观能动地展现个性的过程，在欣赏美术作品时仿佛在感受作者的创作过程和情绪，在欣赏音乐作品时也是在体会作者传达的情感与意境，这也是为何音乐软件上的许多音乐作品下面都有着成千上万条听众的留言反馈。但是，网络游戏与传统作品的区别在于欣赏者不再是被动接受和评价。

网络游戏则颠覆了这一传统模式，仅仅观看一个游戏程序或其代码，并不能实现作品思想的传达。运行游戏程序，如果不进行操作，作品表达的过程也无法实现。只有在进行互动操作的同时，游戏的思想才能传达给用户，才能像文字作品、美术作品、电影作品一样被欣赏、被使用。这是

---

〔1〕〔荷兰〕胡伊青加：《人：游戏者——对文化中游戏因素的研究》，成穷译，贵州人民出版社1998年版，第35页。

网络游戏实现其艺术价值的必经之路，也是创作者的思想通过作品传达给大众的过程。这一过程对于传统作品而言是隐性的，因为对于文字作品、美术作品、电影作品的欣赏是被动接受的。而对网络游戏而言，这一过程变成了显性的、可供展示的过程。不仅如此，在这一过程中，欣赏者还能够通过自己的反馈来影响作品，这一反馈可能仅仅展现在游戏操作的过程中，也可能存留和固定下来，成为游戏内容的一部分，即玩家生成内容。

玩家在游戏中生成内容的行为是否属于创作行为？这一问题触及了创作行为的本质问题。我国古人云"文章本天成，妙手偶得之"，西方哲学家有"无限猴子定理"（infinite monkey theorem），从这个角度来说，即使具有了创作意图，创作行为在客观上其实是在本已存在的诸多可能性中偶得了一种，并将其实现的行为。玩家的创作行为是根据游戏的指引或者在游戏架构中所允许的自由空间内进行的，那么这种"允许"的性质是否意味着游戏开发者对于玩家的创作行为已有了预期，因此玩家仅仅是在开发商所预留的诸多可能性中去实现一种。这种可能性与自由度应该到达何种程度才能够使得玩家行为具有独创性呢？

在某些情形下，玩家的行为可能具有创造性，能够产生创造性的成果，这几乎没有争议。但是，在创作意图的考量、行为方式以及与原作者之间的关系等方面，传统"创作"理论的缺陷显现出来。例如，创作意图是主观明示的，还是默示推定的，或者是应当通过客观证据推定的？这一问题在玩家创作行为方面难以定论，因为玩家行为要形成创造性内容并不必须具有传统理论意义上的主观创作意图——玩家玩游戏的行为是对游戏的第一性使用，就像阅读文字作品、影迷观赏电影作品一样，玩家"玩游戏"主观意图可能是单纯的对游戏作品内容的体验，是根据游戏的指引或者在游戏架构中所允许的空间内进行的一种探索。这种意图是否属于创作意图？在这种意图下产生的创造性内容应当如何定性？

此外，即使解决了玩家行为是否属于创造行为的问题，继而出现的是玩家此种行为应当属于何种创作行为问题——是对原作品的演绎创作，还是共同创作？玩家创作行为与著作权法意义上利用传统作品内容进行改编等演绎行为也不相同。传统意义上的演绎行为，是对作品中的故事情节、人物形象等的使用，并以此为基础进行二次创作。这个二次创作的行为是从作品外部进行而不受限制的，并且进行二次创作所完成的作品是独立于原作品的一个新作品。而玩家玩游戏的行为是在游戏之内进行，受游戏规则设定和预留操作空间的限制。无论可分割与否，玩家"玩"游戏的行为所生成的内容并不独立于原作品，而是作为游戏的组成部分，并保存在游戏当中。共同创作行为需要具有共同创作的合意。开发者将游戏设计为高自由度的虚拟世界，事实上允许了玩家在其中打造具有创造性的内容，双方获得了某种程度上的"共同设计的自由"（freedom to design together）[1]。这种"共同设计的自由"被开发者提供，也为玩家所接受，是否能够视为双方共同创作的合意？

三、网络游戏著作权保护边界之争

网络游戏的著作权客体性质导致其著作权保护范围、权利效力、侵权判定、权利限制等方面与现有制度有诸多适用上的矛盾与冲突，传统著作权法中的"公有领域""思想—表达"二分等理论在分析网络游戏著作权新问题时也出现了反弹，这些新问题也对传统著作权理论提出了疑问。

（一）游戏下游产业与游戏著作权人的利益分配

网络游戏的兴起不仅涉及游戏产业本身的利益问题，也催生了游戏直播、电竞赛事等下游产业。游戏直播行为是指玩家或用户在第三方网络直播平台上将其游戏操作实时画面进行全程播放的行为。近年来，游戏直播产业发展迅速，截至 2017 年，中国游戏直播用户已超过 1 亿人，预计未来游戏直播市场规模将超过 30 亿元[2]。网络游戏直播行业与游戏著作权人之间的利益分配问题也是目前知识产权领域的热点问题之一。这一问题事实上提出了两个著作权法上的问题：

---

[1] Balkin, Jack M., "Virtual Liberty: Freedom to Design and Freedom to Play in Virtual Worlds", *Virginia Law Review*, Vol. 90, No. 8 (2004), p. 2043.

[2] 参见艾瑞数智《2017 年中国游戏直播行业研究报告》，第 8 页。

首先，著作权权利效力的问题，即网络游戏著作权人的权利效力范围是否能够涵盖网络游戏直播行为？在此之前是否著作权权利已经用尽？在我国司法实践中，网络游戏整体画面和游戏中包含的文字、美术等著作权作品已经受到著作权法的保护，而游戏直播行为涉及对游戏整体画面以及所包含作品的使用与传播。但是，这也不足以说明直播等行为均落入著作权人的权利效力范围。著作权人对作品享有的著作权权利本身的控制效力和追及效力是否能够达到直播行为，问题在于网络游戏首次进入市场之后，经过玩家、主播或直播平台支付了合理对价而取得了游戏之后，是否其著作权权利已经穷竭。这一问题涉及了著作权权利的本质问题和权利效力范围的问题。

其次，著作权权利限制的问题，即游戏直播行为是否构成了著作权法意义上的合理使用？2017 年 11 月，广州知识产权法院一审判决华多公司对网易《梦幻西游 2》游戏的直播行为不构成合理使用，而属于著作权侵权行为[1]。此案引起了业界和法律界的广泛关注与讨论，各方利益主体及学术界各执己见、莫衷一是。我国学者在运用"四因素"标准对游戏直播行为的合理使用适格性进行分析时，对使用目的和性质（purpose and character of the use）、原作品使用的量与实质程度（amount and substantiality of the portion taken）、原作品市场价值的影响（effect upon work's value）进行了较为细致的论述，但对于被使用作品性质（nature of the copyrighted work）这一因素的考量较欠缺——要么对此因素鲜有论及，要么仅认为该因素对合理使用判定结论影响很小。这就导致在游戏直播行为是否构成转换性使用、是否属于对原作品的实质性使用、是否影响原作品的市场价值等焦点问题上难以定论。

（二）游戏玩家与游戏著作权人的利益分配

1. 个人用户对游戏内容的使用行为

某些游戏玩家的游戏过程或利用游戏内容制作而成的视频，具有极大

---

[1] 参见广州知识产权法院［2015］粤知法著民初字第 16 号民事判决书。

的商业价值。这种商业价值可能来源于精湛的游戏操作展示，也可能基于较为深刻的游戏理解——如游戏教学、战术解说、电竞赛事评析等，这些行为都涉及对游戏内容的使用。与游戏直播的合理使用问题类似，个人用户对于游戏内容的此类使用行为是否需要获得游戏著作权人的授权也是一个悬而未决的问题，这同样涉及著作权权利效力范围和公有领域的界定问题。

个人用户对游戏内容的使用行为不仅仅涉及游戏整体著作权问题，还涉及游戏中的音乐、美术等单独作品的著作权问题。国外著名的 Twitch 游戏直播平台已经开始采用内容识别和过滤技术扫描用户上传的视频，主要针对包含版权问题音乐和音频内容的视频。在扫描过滤的同时，Twitch 还同时推出了一个申诉系统，被错误删除的用户可以向 Twitch 提交申诉。Twitch 的扫描系统仍在探索和改进中，目前对于视频内容而言，超过 30 分钟的视频中包含 10 秒钟侵权材料的内容不属于过滤范围；对于音频内容而言，扫描系统将会识别出那些明显属于侵权的流行音乐内容，而游戏内自带的音乐和音频等不属于过滤范围[1]。

2. 游戏玩家是否享有表演者权

游戏玩家的表演者权问题进入大众的视野，是从 2017 年的盗播 Faker 事件开始。Faker 是《英雄联盟》游戏最著名的电竞职业玩家之一，以精湛操作和快速反应著称。Faker 于 2014 年 9 月与 Azubu 游戏直播平台签署了专属直播协议并一直在此平台上进行直播。但在 2017 年，Twitch 游戏直播平台上出现了一个名为"SpectateFaker"（观看 Faker）的视频直播间，这个直播者利用了《英雄联盟》游戏内自带的观战模式，获得 Faker 在《英雄联盟》中的实时游戏过程，并且在 Twitch 平台上进行全程实时播放。Azubu 平台认为在 Twitch 平台上发生的转播、盗播行为已经侵害了自身的专属直播权，随即向盗播者和 Twitch 平台发送了著作权权利通知，要求其删除相关视频。而 SpectateFaker 直播间的直播者认为，根据《英雄联盟》

---

〔1〕　Eric Johnson, "Twitch Will Mute Copyrighted Music in On-Demand Videos", at http://recode. net/2014/08/06/twitch-will-mute-copyrighted-music-in-on-demand-videos/.

的用户使用许可协议的内容，玩家已经同意放弃他们在游戏中因游戏行为而产生的相关权益。并且，《英雄联盟》游戏内自带的观战功能也允许自己观看 Faker 的游戏过程。因此，自己并未侵犯任何权利，亦未破坏 Faker 与 Azubu 平台之间的专属直播协议。

此事件的争议焦点问题在于：游戏玩家是否应该对自己的游戏过程享有一定的控制权？是否有权许可或者禁止他人对自己的游戏过程进行现场直播或公开传送？在电子竞技产业发展初期，职业玩家的主要收入来自所签约战队的薪酬和参加游戏赛事所获奖金。但随着游戏直播的兴起，网络直播平台往往愿意提供高额费用来聘请职业玩家尤其是明星选手等具有专业操作技巧和个人风格的直播者，这些直播者的直播内容就如其他行业明星一样具有眼球经济的效应，为平台带来了大量流量，而流量则意味着收益。WIPO 的报告显示，在电子竞技发展较早的韩国，法律已经为电子竞技明星选手提供了表演者权中的一项子权利——公开权。选手在面对电竞赛事组织者、游戏开发者时均可主张此项权利[1]。《英雄联盟》所属的 Riot 游戏公司创始人也持类似的观点，表示 SpectateFaker 的盗播行为并未获得 Faker 的同意，而选手应当有权要求停止这种行为，如何保护选手的游戏过程不被未获授权者盗播也是目前需要考虑的问题[2]。

（三）公众与游戏著作权人的利益分配

1. 拆封协议的效力

游戏著作权人在拆封协议中的声明目前主要包括以下两个具有争议的问题：第一个是用户生成内容的权属问题，第二个是用户对游戏内容的使用限制问题。游戏公司对此态度不一。例如，暴雪游戏公司在用户许可协议中规定了禁止制作和传播演绎作品、禁止以商业目的利用游戏内容等[3]，微软公司的用户许可协议并未完全禁止游戏用户使用游戏内容和制作传播

---

〔1〕 See WIPO, "The Legal Status of Video Games: Comparative Analysis in National Approaches", at http://www. wipo. int/export/sites/www/copyright/en/activities/pdf/comparative_ analysis _ on _ video_ games. pdf.

〔2〕 参见 http://lol. tgbus. com/news/wfxw/330752. shtml，最后访问日期：2018 年 12 月 17 日。

〔3〕 Blizzard, supra note 12.

演绎作品，但这种许可的性质是非独占的、不可转让的，用户的使用行为也必须是私人性质（personal）且不具有商业目的[1]。上述许可协议中的限制条款直接禁止了游戏玩家与游戏直播平台合作进行游戏直播，也间接禁止了其他未获授权的主体利用该游戏组织赛事的可能。但是，也有许多游戏开发商持开放态度，在其许可政策中承认用户在游戏中享有某些权益，甚至表明用户对自己上传的内容享有知识产权，如沙盒类游戏《第二人生》[2]。

问题在于，游戏著作权人是否有权通过在拆封协议中进行声明的方式来规定这些问题，以及这些声明的效力如何。在 Micro Star v. Formgen, Inc. 案中，游戏《Duke Nukem 3D》的开发者在许可协议中鼓励用户在游戏中创作附加关卡（add-on levels）或新的地图文件（map files），法院将这些用户创作的部分认定为演绎作品，因为玩家在原有游戏内容基础之上创作了新的内容[3]。演绎关系意味着玩家的创作行为需要获得游戏著作权人的许可，但这项判决结果是否适用于所有情形，是否所有使用了游戏内容的行为都需要获得游戏著作权人的许可，这种争议还在持续。

2. 游戏盗版与克隆

"换皮"游戏，又称克隆游戏，是指对原游戏中的文字、美术、音乐等文学艺术元素进行简单替换，使得游戏"看起来"不一样了，但保留了原本的游戏规则。"换皮"后的游戏系统、机制和运行过程几乎没有改变，因此"玩起来"几乎没有差别。这种"换皮"或"克隆"行为形成产品的周期快、开发成本低，在游戏行业内屡见不鲜[4]。"换皮"游戏的产生有两种情形：一种是游戏程序的源码泄露，"换皮"者对其直接进行使用；一种是反向工程。前者构成软件著作权侵权或者侵犯商业秘密的行为，但要证明对方抄袭了自己的源码是非常困难的。而后者则属于独立创作的计

---

[1] Xbox.com, supra note 75; Blizzard, supra note 12.

[2] "Linden Lab's Terms of Service", at http://www.lindenlab.com/tos.

[3] Micro Star v. Formgen, Inc., 154 F. 3d 1107, 1113 (1998).

[4] See Susan Corbett, "Videogames and their clones: How copyright law might address the problem", *Computer Law & Security Review*, 2016.

算机程序，以不同的代码编写方式来达到相同的程序功能，就如同以不同的文字表述来表达相同的思想一样简单，而且反向工程并未直接接触原程序，完全避免了侵犯软件著作权的可能。

"换皮"或克隆等行为，事实上是抄袭游戏规则设计的行为，而这类行为是否属于著作权法上的抄袭行为，是此前争议的焦点问题之一。随着法学理论和法律实践中各方对游戏作品、游戏产业认识加深，司法实践中对待游戏规则设计抄袭这一问题已经从"该不该保护"变为"该如何保护"[1]。我国"换皮"游戏的司法判例始于 2014 年的《炉石传说》诉《卧龙传说》游戏抄袭案，该案原告认为《炉石传说》游戏中"独创性最高、非常重要的卡牌和套牌的组合规则"遭被告抄袭，但法官认为游戏规则并不属于著作权法保护范围，因此，被告的行为并不属于抄袭行为，但仍构成不正当竞争。在 2016 年的《奇迹 MU》诉《奇迹神话》游戏著作权侵权案中，游戏规则的设计首次得到了著作权保护——法官将游戏整体画面认定为类电影作品，在此基础之上，将原游戏中的"等级限制""角色技能""装备属性"等游戏规则设计所表现出来的文字、动态等纳入了实质性相似的比对范围，当然还包括游戏中的人物造型、场景设计等视听元素[2]。此案将"换皮"游戏认定为著作权侵权行为的判法，涉及对网络游戏的作品性质、独创性认定以及"思想—表达"二分法的运用问题，但在这些问题上我国法学界仍未出现有力的结论性观点，也尚未形成共识。

3. 游戏外挂

游戏外挂是指专为游戏玩家而研发的游戏作弊电脑程序。在玩游戏的同时运行外挂程序，能够为玩家获得更大的游戏收益，可以实现如改变游戏运行的速度、编辑游戏账号数据、增强格斗技能效果，或者代替玩家进行自动操作等功能。游戏外挂对游戏的公平性造成了损害，使其无法实现著作权人原本设计的功能性、趣味性、观赏性和竞技性，从而导致市场价

---

〔1〕《电子游戏中设计及规则知识产权保护的调研报告》，载《中国知识产权》2016 年第 12 期。

〔2〕 参见上海市第一中级人民法院 [2014] 沪一中民五（知）初字第 22 号民事判决书、上海市浦东新区人民法院 [2015] 蒲民三（知）初字第 529 号民事判决书。

值的损失。暴雪游戏公司曾经将《魔兽世界》《暗黑破坏神3》《暴风英雄》三款网游外挂 James Enright 及其团队诉至美国加州联邦法院，认为外挂破坏了游戏的完整性，侵犯了游戏版权。

按照我国学界观点，尤其是在网络游戏"集合作品说"之下，某些游戏外挂构成著作权侵权行为，但某些并不构成。外挂分为客户端外挂和终端外挂两种——客户端外挂对游戏程序进行了修改，如对游戏中的金币、装备、级别等数据进行篡改，能够瞬间为玩家账号牟取收益；终端外挂并未对游戏程序本身进行修改，而属于游戏程序以外独立运行的计算机程序，通过截取和篡改数据包（抓包）、开设虚拟操作系统来模拟和代替游戏中玩家正常操作的效果，通过较长时间的累积，玩家账号才能逐渐收益。在目前的软件著作权保护制度下，前者是显然侵权的，而后者并不侵犯游戏软件著作权，也很难以反不正当竞争法来保护。

日本司法实践对于游戏外挂的著作权法规制有着不同的思路。在《心跳回忆》游戏外挂侵权案中，游戏著作权人以侵犯著作人格权为由对外挂销售者提起诉讼，获得了法院支持。该案原告为 Konami 株式会社，涉案游戏《心跳回忆》属于模拟恋爱的角色扮演游戏（RPG），玩家在游戏中扮演男主角，通过操作选择与不同的虚拟女主角接触，按照游戏规则的要求不断增强好感度，最终被某一虚拟女主角告白即为成功，好感度降低到一定程度即为失败，需要重新玩起。涉案游戏中预设了各种场景、剧情和男女主角好感度的各种参数。该案被告所销售的《心跳回忆》游戏外挂能够修改游戏中虚拟男女主角之间的好感度参数，玩家只要使用此款外挂，不论如何操作都可以使得虚拟女主角向其进行告白，从而完成游戏。日本大阪高等法院认为，被告销售修改游戏参数的外挂改变了游戏本来的情节走向，将游戏故事拓展到原来设定的可能性范围之外，违背了游戏开发者的创作意图，侵犯了游戏作品著作权。日本最高法院在二审中维持了大阪高等法院的判决。可见，游戏外挂给著作权法所提出的许多问题仍然尚未解决，网络游戏作品性质的认定、网络游戏独创性的理解、网络游戏著作权权利及效力等基础理论与制度仍是颇有争议且亟待解决的问题。

第三节　网络游戏著作权理论争拗的回应

作品自古有之，且各类作品的思想内容、表达方式和依附之载体各不相同。不仅如此，即使是同一种类型的作品，其产生和传播的方式也并不是唯一的、绝对的。譬如文学作品，长期以来体现为作者表达自己的思想、情感和理念而读者被动接受的形式，作者与读者的身份划分似乎十分明确，其实不然。我国历史上的鸳鸯蝴蝶派作家曾发明一种新的小说形式——悬赏小说。悬赏小说兴起于 1922 年底，由严独鹤在自家刊物《红杂志》上率先发起，反响热烈，陈同善、吴羽白、何朴斋等人分别与严独鹤合著了不同版本的小说《哭与笑》，均大受欢迎[1]。悬赏小说的操作方法为：由一名作家率先确立写作题目并撰写前面部分，发表在报刊上并说明续接要求和奖励，吸引读者投稿续写。一般而言，悬赏小说故事开头精彩但至紧要处戛然而止，背景、人物和故事内容具有朦胧性、可塑性和多向性。在这种情形下，续写者方能具有较强的自主性，展开多样的后续创作。优秀的后续创作成品将会继续刊登在原刊物上，小说成品之间差别极大，各具特色。这种后续创作的多样性和开放性以及小说完成之后的意外区别和强烈对比，正是悬赏小说区别于传统小说的魅力之所在。

可见，在印刷时代，人们对于赋予作品交互性和开放性的探索就已经开始。悬赏小说为文学作品提供了一种新的存在形式，改变了传统单向的创作、欣赏和传播模式，给予了各方共同创作、共同欣赏的自由，在双方的互动之下逐渐地展现出作品的全貌。悬赏小说创作与接受的整个过程就像是一个开放性的游戏——小说家是游戏的策划者、组织者与操控者，扮演着游戏开发者和运营者的角色，通过自己的创作成果吸引读者参与到这一游戏过程中来，而读者不再仅仅作为一名旁观者或接收者，而是作为一名参与者，参与到游戏的过程中来。这也从侧面表明，是否具有交互性或

---

〔1〕　参见董瑾主编：《20 世纪中国文学选讲》（上册），对外经济贸易大学出版社 2008 年版，第 6 页。

开放性并不是决定一个作品能否称为作品的因素，网络游戏的著作权作品性质也不应因为其交互性和开放性而被否定。

一、从符号学视角重构作品概念与类型

要对一个新型著作权客体的性质进行认定，首先应当回归到最基本的著作权理论和最基础的著作权法律概念上来。网络游戏"独立客体说"缺乏理论支撑的一个重要原因在于：著作权作品的法律概念并没有一个科学的界定，著作权法对于各类作品的定义也是常识性的，因而无法从应然角度去论证网络游戏是否属于一个著作权作品。对作品概念进行科学严谨的建构，不仅是为了应对网络游戏等越来越多的著作权新客体，也是长久以来著作权法甚至知识产权法领域理论发展的需求。

（一）作品概念的符号学建构

对于事物的本质为何这一问题，我们从不应停止追问，对著作权客体本质的探寻也是一样。目前关于知识产权客体本质的学说主要有"智力成果说""知识产品说""信息说""符号说"等，这些学说从不同角度论证了知识产权客体的本质，当然也有利于明确作为下位的作品概念。例如，"符号说"认为著作权法甚至知识产权法所调整的对象均是符号或符号的组合，任何作品事实上都是由一系列符号组成的。"符号说"也被一些学者直接用于解释著作权客体本质，认为作品的本质是符号。

对于符号概念的界定可以追溯到古希腊时期。亚里士多德在所著的《解释篇》第一章中写道："由嗓子发出声音是心灵状态的象征，写出的词句是由嗓子发出的词句的象征"[1]。即使是具有同样的心灵状态，但不同的人所表现出的文字、词句可能不同。而同样的文字、词句可能因为来自不同的人而代表着不同的内心状态。亚里士多德的后续研究为符号学理论奠定了基础，他把符号划分为三部分：能指、指代对象、所指。能指是符号本身可感知的物理部分（如"双手"的发音或书写出的文字）；指代对

[1]　［古希腊］亚里士多德：《范畴篇　解释篇》，方书春译，商务印书馆1959年版，第56页。

象是符号所指代的事物（如"双手"指代的是人体器官）；所指是符号所引起的意义联想（如"双手"可以引起"拥抱""尊敬"或"勤劳"等联想）。瑞士语言学家费尔迪南·德·索绪尔提出了符号二元论，认为符号是由能指（signifier）与所指（signified）两部分构成的整体，这种二元关系即形式与内容的统一，以此构成一项固定的符号。"能指"可以简单理解为符号的形体或形式，"所指"可以理解为符号的意义或内容。美国哲学家查理·桑德·皮尔斯关于符号的三元关系理论认为，符号是符号形体、符号对象和符号解释三者的统一体。符号形体即符号的客观存在形式本身；符号对象是符号指代功能的体现，是某一符号形体所指示和所表征的那个特定事物；符号解释则是某一符号形体所蕴含的信息[1]。符号的三元关系理论如下图所示：

图3-1　符号的三元关系理论

基于符号的三元论，可以将作品概念从符号形体、符号解释和符号对象三个层面进行解构：

从符号形体方面，作品的表达采取一定的符号形体，也需要对符号形体进行组合。

首先，作品需要采取一定的符号形体作为表达方式，即组成该作品的最基本的文学艺术元素。作品可以被视为符号的组合，符号形体可以体现

---

〔1〕　参见［法］皮埃尔·吉罗：《符号学概论》，怀宇译，四川人民出版社1988年版，第86~88页。

为字母、文字、色彩、线条等最基本的元素，是作品概念建构的最基本单位。不同作品类型所采用的符号有所不同。譬如，符号在美术作品中表现为色彩与线条，在文学作品中表现为文字字符，在舞蹈作品中表现为人类的肢体动作，在音乐作品中表现为音符、音节。

其次，作品的结构形式往往需要符号形体的组合，即符号形体以一定的方式进行整合，形成一定的结构或系统，以形成一个完整的表达。作品中符号的排列组合方式须具有一定的结构性、系统性。这种符号组合在文字作品中表现为对文字的组织安排，即叙事和情节；在美术作品中表现为色彩、线条、明暗、留白等组织安排，即构图；在音乐作品中则表现为对音符音节的组织安排，即旋律和节奏。作品的结构形式是作品不可或缺的表达部分，也常常是作品创造性集中体现之处。

在符号解释的层面，作品的思想可以被理解为符号及符号组合背后所代表的信息，也就是符号解释。但若一个符号组合仅仅传递信息是无法构成作品的。作品应当是具有一定的精神功能的符号组合，这是作品与商标、专利等其他知识产权符号的最大区别——商标和专利的符号组合所具有的是实用性的功能，而作品是传递思想，发挥的是精神功能，作品符号所传递的信息应当使得大众能够获得精神上的审美、明智、共鸣等感受。

在符号对象的层面，作品将被其符号形体指示和表征。譬如在文学作品中，作品标题指示着该作品，作品中的人物姓名指示着该作品，作品中具有代表性的语句也可以指示该作品。因此，作品本身作为一个特定事物的存在就是一个符号对象。符号对象可以是抽象的、虚拟的存在，也可以是实体的存在。作为符号对象，作品以一种抽象的智力成果形式存在于人类文学艺术和科学领域中，也作为一种社会文化产品存在于大众的认知和印象之中。同时，作品还以实体的形式存在于产业、市场和日常生活之中，依附于具体的载体形式存在，如作品的印刷本、电子版。因此，作为符号对象的作品也呈现出了抽象与具体的统一。

由符号三元论而构建的作品概念三元关系如下图所示：

图3-2 作品三元论

以符号三元论为基础构建而成的作品概念，不仅可以突出作品作为抽象的智力成果需要通过有形形式表现并依附于一定载体之上的特征，还可以呈现出作品在文学艺术和科学领域、处于产业和大众认知之中的存在，还能够与著作权法领域中作品的思想、表达、独创性等概念相呼应。作品三元关系理论不仅在于作品概念建构，也可以成为一种研究的方式和视角，在著作权法领域还有更多的探讨空间。笔者在第四章第二节中将以作品三元关系理论来分析网络游戏这一著作权新型客体的作品属性，并为网络游戏"独立客体说"提供理论支撑。

（二）作品类型的符号学辨析

1. 作品类型划分的因素

任何事物都受到时代和条件局限性的限制，著作权作品类型体系的形成也不例外。著作权保护的客体是智力劳动成果，是文学、艺术和科学作品。但其具体的作品类型是随着人类文化的发展而逐渐出现，进而被纳入保护范围的，可以说并没有一个严谨的著作权作品类型分类体系。如能通过符号学来解释著作权作品类型划分的原因和标准，在面对网络游戏等新型智力成果的著作权客体定性问题时，亦能够起到一定的参考作用。

从符号学的角度，著作权客体不断扩张、作品类型逐渐增加的历史进程，事实上是新的符号形体、符号功能、符号组合方式、符号传播方式不断催生新的著作权作品的过程。

首先，在符号三元关系中，作品类型划分的首要因素是符号形体。从文义、产业以及大众认知角度来看，符号形体的不同是一项作品区别于另一项作品的最大特征，也是著作权法作品类型划分的最主要影响因素之一。《著作权法实施条例》对作品含义的解释也含有区分符号形体的表述，譬如将文字作品的定义解释为"小说、诗词、散文、论文等以文字形式表现的作品"，将曲艺作品的定义解释为"相声、快书、大鼓、评书等以说唱为主要形式表演的作品"，将舞蹈作品的定义解释为"通过连续的动作、姿势、表情等表现思想情感的作品"。

其次，在著作权客体扩张的进程中，符号组合的方式对著作权作品类型划分亦有影响。例如软件作品的客体归类即是以其符号组合方式为依据的。计算机软件的作品符号形体并非文字，而是代码，但除符号以外，计算机程序的作品结构形式与文字作品基本相同，因此在《伯尔尼公约》中以文字作品的方式受到了著作权保护。又如电影作品的符号形体事实上与戏剧作品并不相同，但由于两者的符号组合方式极为类似，因此电影作品在产生之初也是作为戏剧作品而受到著作权法保护。基于相同的符号组合形式而给予相同的著作权保护模式——这一"挂靠式"的作品归类方法一直在为著作权法所应用，在保护著作权新客体方面也确实发挥了积极作用。

2. 新作品类型产生的解释

著作权法意义上的创作活动，是指直接产生智力成果的活动，而创作技术，是指直接产生该智力成果所采取的技术。创作技术的进步一直是产生著作权新客体的主要推动因素，也是作品分类的依据之一。在著作权法中，摄影作品即是从创作技术的角度来界定。摄影作品是指借助相关器械、通过相关技术操作和设计安排将物体形象记录在感光材料或者其他介质上的艺术作品。又如电影作品和以类似摄制电影的方法创作的作品，是指通过摄制设备和相关技术操作，将一系列画面记录或呈现在一定介质之上并进行放映或者以其他方式传播的作品，这一定义也是从创作技术的角度来对作品进行描述。

因此，从符号学上来看，当我们谈论新的作品类型，事实上是在谈论创作技术进步所带来的新的符号形体或新的符合组合方式，且这一符号组合应兼具完整的符号解释，具备这些要素的作品应当属于一项新的作品类型。

首先是新的符号能指。创作技术的进步，可能产生全新的文学、艺术的符号形体，这些符号形体为传统的文学、艺术思想提供了新的表达方式。例如，摄影作品与绘画作品的艺术性是极为相似的，但从创作技术上并不相同，一次拍摄的构思、取景、按动快门所产生的成果即为一张照片。因此，一张照片就已是一项最基本的、单独的符号形体，也具有相应的符号对象和符号解释。摄影作品也因此得以成为一个单独的作品类型。

其次是新的符号组合。创作技术的进步，也可能为传统的符号形体提供新的组合方式，进而催生新的著作权作品类型，如电影作品。在产生之初，《伯尔尼公约》仅仅将电影视为剧本与摄影作品的结合，电影并不具有单独的著作权客体地位。但除剧本写作和拍摄之外，导演和剪辑的创作行为性质逐渐得到认可，对文学、画面构图、光影、音乐和戏剧等艺术元素的运用与编排，均是创作活动的成果，因此电影应当是"利用每一种元素来创作出的完整的艺术作品"[1]。

最后是新的符号所指。相应地，创作技术进步所带来的新的符号形体和符号组合方式，通常都具有新的符号功能，可能表达新的思想内容，在使用与传播方面也往往不同于传统作品，因此，往往在著作权保护范围、权利内容、权利限制等方面体现出新的需求，当这些需求已经无法通过"拆分"或"挂靠"的方式在旧的著作权作品类型框架下得到妥善解决时，便催生了新的著作权作品类型。

二、以古典哲学来阐述创作行为的内涵

"创作"与网络游戏的著作权保护问题也有诸多联系。在著作权客体

---

〔1〕［美］李·R. 波布克：《电影的元素》，中国电影出版社1986年版。转引自陈旭光：《电影艺术讲稿》，新世界出版社2002年版，第89页。

方面，通过对网络游戏创作行为的考量，能够帮助我们对网络游戏的独创性作出更加明确的分析，从而确定其作品性质；在权利主体方面，对网络游戏创作行为的考量能够帮助确定其作者身份及适格权利主体；在侵权判定方面，对网络游戏创作过程的了解能够有助于判断涉案作品是否构成实质性相似。

（一）认可新的创作技术与创作行为——创作行为的本质

创作是著作权权利产生的原因，是著作权法首要保护和促进的目标。即使著作权法对创作行为的构成要件、创作与作者身份的关系、创作与作品的关系等方面都有着诸多论述，但是，在技术飞速发展的今天，如何判断新的智力活动与行为是否属于创作，并未有一个理性的标准。

洛克的"劳动理论"和黑格尔的"精神产品说"常被用来当作知识产权权利产生的正当性依据，具体到著作权法领域，即用于解决何人应当对自己的作品享有专有权的问题。二者的解释有一共通之处，即从人出发，从人的意识和行为出发。正因为人的意识与行为凝结、附加或者外化在某一对象上，则这一对象将成为权利指向的对象。具体到著作权法，这种意识和行为就是创作。

可见，这种正当性来源和价值取向所讨论的是创作本身，而非来源于已完成的作品具有多少的艺术价值或经济价值。当然，从后端视角入手考量，要求已完成的作品本身具有最低限度的创造性、可复制性等要件，是制度构建中必要且可行的手段，但著作权法之要义并非在于此。人们倾向于相信创作本身是有价值的，这种价值不同于作品的价值。例如，一幅精美的美术作品赝品，单就其作品外观而言，艺术价值可能与原作品相当，但人们心中的道德和现实的市场并不认为它具有同样的价值，因为它并非基于创作而产生，并不包含和体现人类的创造力。因此，创作因为包含和体现了人类的创造力而具有价值。

因此，创作是人类按照自己的本性对本身潜力的认识与实践，应当是自由的、个性的。抄袭行为并不是个性的、自由的，而是受限于原作品的，由此产生的作品也不能体现抄袭者的个性，并不属于创作行为。正因为自由，创作者可以在接近无限的可能性中进行探索，并将自我的选择和意识进行外化，达到从无到有的过程。从这一角度来看，网络游戏的开发设计体现和包含了人类的创造力，其程度甚至甚于诸多传统作品的创作行为。因为网络游戏的开发设计者能够达到想象力的更大自由，并且将其外化，这即是艺术创作本身。这种自由之大不只体现在虚拟技术所带来的场景画面、声音声效之上，甚至可以将游戏塑造为一个与现实世界完全不同的虚拟世界。这种创作行为能够体现在网络游戏的内容中，被游戏玩家接受，认识，欣赏。

总之，网络游戏的开发设计是由技术进步带来的新的创作行为。技术并不能影响创作的本质，也不应成为创作行为概念外延的限制条件。

（二）认识新的创作行为带来的独创性内容——创作与作品的关系

创作行为本身是个性的、自由的。正因为此，创作产生的作品能够不同程度地体现作者本身的个性，即具有独创性。作品中的独创性内容，首先应当是来源于作者的创作行为所产生的内容。其次，这种内容应当是能够体现创作者个性的内容或使得该作品与其他作品相区别。因此，独创性不仅仅是用于评价或形容一部作品本身的，它也评价了创作行为本身，评价了这部作品与创作者之间的关系。

不同类型的作品经由不同的创作手法，展现出不同的内容，本就具有不同的独创性之体现。例如，对于书法作品而言，字体位置、左右排列、字间大小、对应比例、整体布局等选择均是书法创作行为所必须涉及的，体现着作者的个性、意志，是作品独创性之所在。不同作者在创作过程中将在上述方面作出不同选择，最终体现出不同的艺术效果，这即是该作品的独创性之所在。若出版商或第三人对书法作品的字间比例、相对位置、排版布局进行调整，极可能破坏作者尝试表达的美感与追求，破坏了作品的独创性。但若把对象换作文学作品，这种调整行为一般不会构成对作品的实质性改变，因为文学作品的独创性并不经由字体大小、字间比例等元素来表现。

同样地，网络游戏的独创性之体现也受其作品特质影响，体现在特有方面。网络游戏产生于新的创作行为，呈现为崭新的作品样式，其所包含的诸多内容能够反映创作者的意志、愿望、技巧和创造能力。并且，由于创作的空间和自由度相较于传统作品更大，创作者能够将自身的意志更多地融入和体现在网络游戏之中，这种意志可能依靠互动媒体技术等新的创作技巧来实现，通过在电子设备上运行的一系列音画指令来表达，最终在操作游戏的交互过程中为玩家所感知。网络游戏中的一系列表达形式是不同于传统作品的，但并不应当因此而否定这些内容的独创性。

因此，与其他作品类型一样，网络游戏作品中集中体现着独创性的部分，也是来源于创作者的意志安排，创作者能够决定自己作品内容应如何呈现，并且这种意志受到著作权法的保护，因此法律赋予了作者保护作品完整权、修改权等，以防止他人违背作者意思对作品进行破坏或修改。对于"作者意思"的理解，除作者声明等主观方面以外，在客观上，作者意思事实上体现为作者表达在作品中的原意。因此，只要网络游戏中的内容是来源于作者，是作者个性、愿望、创作技巧的集中体现，是作者精心设计的作品表达，那么也应当归入著作权所保护的对象范围之中。

（三）接纳新的创作主体与创作模式——游戏行为与创作行为的关系

网络游戏的交互性导致了玩家创作的可能性。我国许多学者认为玩家的游戏行为不可能属于创作行为，"玩家在操作过程中，将游戏以画面的形式在计算机屏幕上再现。但是这并不意味着打游戏的行为具有独创性，游戏玩家并不给作品的内容增添任何新东西……无论游戏玩家出于自我娱乐，还是参加职业赛事，抑或提供直播平台播放，游戏玩家打游戏行为均不是一种创作"[1]。

但事实上，玩家玩游戏的行为与创作行为的外延是有交叉的。《反恐精英》的开发商威乐公司即属于支持玩家进行游戏内容创作，并承认玩家对自己创作的内容享有权利的公司之一，其创始人加布·纽维尔（Gabe Newell）认为，当玩家在玩游戏时，往往会自然而然地思考如何在游戏中

---

〔1〕　欧修平等：《庖解中国网络游戏直播第一案：权利属性及责任归属》，载 http://www.sohu.com/a/34985492_ 223993，最后访问日期：2017 年 12 月 28 日。

创造价值，因此玩家很可能成为创作者。的确，在威乐公司的游戏玩家中有一位来自堪萨斯州的小孩，依靠一项自己制作的游戏虚拟帽子在一年时间内获得了 15 万美元的收益[1]。可见，玩家的创作行为能够产生巨大的商业利益。玩家是网络游戏的购买者和消费者，是网络游戏作品价值的欣赏者和体验者，但与文字作品的阅读者、电影作品的观赏者不同，玩家对游戏的欣赏和体验必须是主动的。音乐、电影等作品本身就可以完整地展示出作品内容以供欣赏，而游戏需要玩家不断地操作以推进游戏进程，以获得完整的游戏体验。网络游戏的交互性越强，这种行为的主动性越会上升，上升到一定程度便具有了创作的可能性，产生具有创造性的内容。

将游戏行为和创作行为等同起来，这对于著作权法来讲似乎是一个新问题，但是哲学家们早已有所探讨。康德认为，艺术的创造犹如天才的游戏，而且好像只能作为游戏来看待，因为只有在游戏中人才是自由的。在艺术创作中，那种由于精神的"生气灌注"而产生的想象力（Einbildungskraff）与分析、综合等逻辑抽象的思维能力（Verstand）的焕发状态正是游戏（freipiel）的状态[2]。席勒对于艺术作品和游戏行为的关系则有着更直接的表达，他认为一切"美的艺术"（Shon Kunst）都是人在"游戏冲动"（der SPieltrieb）中形成的"活的形象"（Iebendige Gestalt）[3]。

同时，艺术创作也是有规则的，与游戏一样。每一种艺术都预设了一些规则，又或者说，是因为天才先验地创作出了艺术从而赋予了艺术作品自己的规则。但也正是凭借这些规则作为基础，一个想要叫作艺术品的作品才可能被呈现和被表达。以音乐作品为例，艺术家可以创作出多变的丰富的节奏，但却无法避免地建立在那些最为基础的节奏之上；可以对音符进行创造性的排列，但是他所使用的都是本就存在的、无法改变的那些音符。节奏和音律就是音乐作品无法跳脱的基础规则。又如文字作品，它的

---

〔1〕 参见 http://allthingsd. com/20120725/valves‐gabe‐newell‐on‐the‐future‐of‐games‐wearable‐computers‐windo‐ws‐8‐and‐more/，最后访问日期：2017 年 8 月 25 日。

〔2〕 ［德］康德：《判断力批判》，邓晓芒译，人民出版社 2002 年版，第 147~158 页。

〔3〕 ［德］弗里德里希·席勒：《审美教育书简》，冯志、范大灿译，上海人民出版社 2003 年版，第 60 页。

游戏规则是概念和语法体系。

因此，在康德"自由游戏"和席勒的"游戏冲动"理论中，游戏行为和创作行为似乎并不存在难以逾越的鸿沟。尤其是对于创作意图的理解不应局限在传统的模式之中，创作者不必须自我察觉或者有明确目的地进行创作，他可以认为自己在进行游戏，游戏行为和创作行为的本质是相通的；他甚至可以认为自己只是在发挥自己作为人的本性，进行一些自然而然的作为，因为游戏是人类的天性之所在。在网络游戏中，当开发者与玩家享有共同设计的自由（freedom to design together）时，玩家在游戏中的行为自由也可以被视为一种共同创作的自由，玩家在游戏中由于精神灌注而产生的想象力与思维力，经由游戏冲动而产生出外化的具象产品，也可以被视为创作的过程。

三、阐明网络游戏著作权公有领域的重要性

（一）公有领域保留原则与激励创新原则的关系

公有领域保留原则与激励创新原则之间的关系并非矛盾的，反而是统一的。激励创新原则是知识产权法的基本原则，具体到著作权法领域即表现为鼓励创作。但激励的对象不只是已知的创作者，即著作权权利人，还应包括潜在的创作者，即权利人以外的其他人。激励的目的也不只是维护创作积极性，即给创作者以足够的回馈；还应确保创作可能性，即保障其他人进行再次创作的自由。因此，要实现激励创新的效果，不可一味地确保权利人的利益实现最大化，而应该寻求权利人与其他人之间的利益最佳平衡点。在著作权法领域，著作权人的权利应当得到保护，创作行为应当得到相应回馈，否则可能损害创作积极性。同时，著作权人的权利应当受到限制，使得其他人享有接触、获取和使用信息资源的自由，以促进文化传播和提升社会整体的知识水平，从而提高创作可能性。只有创作积极性与创作可能性之间的博弈实现了动态平衡，才能真正实现总体上激励创新效果的最大化。从这一角度而言，公有领域保留原则也以总体上保障创作积极性和提高创作可能性为最终目的。

（二）公有领域保留原则对网络交互创作的意义

在交互创作时代，用户生成内容（user-generated content）已经成为网络空间中的原创性内容的主要组成部分，用户的创作力已经成为网络时代人类创作力的重要来源之一。然而，在网络空间中，许多信息、资源甚至平台都是受到著作权保护的对象，因为这些信息、资源和平台是来自现实中著作权人的创作成果——譬如网络游戏、微博、微信等软件作品。这些平台的著作权人常常同时也是开发商和运营商，不仅从法律上对软件作品享有专有权利，在现实中也对平台的架构、规则和其中的内容享有绝对的控制能力，也包括用户在其中生成的内容。对这些开放性的软件和平台而言，若此时一味地确保著作权权利人的利益实现最大化，将会降低用户的创作积极性和创作可能性，不利于实现总体上的激励创作的效果。

因此，在用户生成内容大爆发的交互创作时代，公有领域保留原则对于激励创作的意义更加凸显，对著作权人利益的限制和对公众利益的保护在如今显得尤为重要。游戏产业、相关产业各方以及与社会公众之间的利益应当如何平衡，是早已出现但仍然亟待解决的问题。网络环境下新客体、新技术带来了新的作品存在形式和传播利用方式，作品传播途径多元化、传播速度更加迅捷，更多的权利形态也应运而生，如信息网络传播权、向公众传播权等。著作权法逐渐将网络中的作品传播和利用行为纳入规制范围，包括利用一切技术所进行的复制和传播等行为[1]。这些传播和利用方式似乎都落入了著作权权能的控制范围之内。复制权、传播权等权利所建立之时的物质基础和经济环境已经改变，若以"印刷版权"时期的复制权、传播权所沿袭下来的利益分配规则来机械地规制信息网络时代的著作权权益纠纷，尤其是网络游戏著作权纠纷，显然是行不通的。

（三）公有领域保留原则对游戏相关产业发展的意义

网络游戏著作权应当受到怎样的限制，如何促进网络游戏产业以及其相关产业的发展，这一问题将有赖于对公有领域保留原则的正确理解和适

---

[1] 参见梅术文：《网络知识产权法：制度体系与原理规范》，知识产权出版社2016年版，第32页。

用。对网络游戏作品的过度保护将不利于游戏产业的整体创新和向前发展。在网络游戏作品内容不断进化发展的过程中，各种游戏类型均可能建立在之前游戏理论、游戏创意的基础之上。若赋予某一类型游戏开发商限制他人开发同类型游戏的权利，那么将会阻碍游戏产业的创新。因此，将公有领域保留原则正确地适用于游戏作品著作权保护当中，是促进整个游戏产业发展的重要保障。

公有领域保留原则对网络游戏作品著作权的必要限制，也是网络游戏下游产业健康发展的重要保障，尤其是电子竞技产业和游戏直播行业。早在 2010 年韩国电竞委员会与美国暴雪公司的游戏直播案中，被告方就提出，涉案的网络游戏已经成为最重要的电子竞技项目之一，如果游戏著作权人为实现其利益的最大化而主张著作权来限制这一电子竞技项目的使用，将对产业利益、公共利益和社会未来发展造成严重威胁，这种权利主张并不具有正当性[1]。

也有美国学者认为，目前许多竞技类的游戏作品已经成为电子竞技项目或新兴产业的基础，因为类似于游戏《星际争霸》这样的电子竞技项目已经具有了准公共产品的性质，为了维持此种公共产品持续存在和保护相关各方的利益，作为游戏著作权人的暴雪公司不应享有随意禁止游戏直播的权利。游戏著作权人从一开始就未曾意图以与这些新兴产业相同的方式使用作品，因此，这种使用作品的行为并不属于网络游戏著作权人的权利控制范围，游戏著作权人无权禁止他人继续以此方式对游戏进行使用。当一部作品的作者从未意图以某种方式使用作品，但其他人却通过此种方式逐渐建立了新产业，此时，如果法律支持作者禁止他人继续使用作品或从中获取报酬，难道说就可以实现著作权法促进创作的目标吗[2]？

---

〔1〕 参见 http://www.teamliquid.net/forum/brood-war/123275-update-kespa-speaks-out-on-intellectual-property-rights，最后访问日期：2018 年 7 月 15 日。

〔2〕 See Jacob Rogers, "Crafting an Industry: An Analysis of Korean StarCraft and Intellectual Properties Law", *Harvard Journal of Law and Technology Digest*, 2012.

第四章

网络游戏著作权客体属性

对网络游戏著作权客体属性的正确把握是进行后续研究的基础。首先，了解网络游戏的性质，才能正确地进行客体属性界定。法律定性是法律保护的起点，对网络游戏进行准确的作品定性才能给予适当的著作权保护。其次，了解网络游戏的性质，有利于了解相应的著作权纠纷产生的前因后果。正是由于网络游戏在创作、欣赏和传播方面所具有的著作权新型客体性质，才相应地在著作权保护与限制的原则、规则、制度以及法律适用上体现出了新的需求。

近年来，经过各国在司法实践中对网络游戏的定性的探索以及理论界的研究，虽观点和做法各不相同，但逐渐对网络游戏的著作权属性更加了解，总体呈现出的趋势为：在承认网络游戏是著作权作品的前提下，给予网络游戏以一项完整作品应当享有的著作权保护。随着对网络游戏的客体适格和特殊性的认识加深，理论界对网络游戏中所体现的独创性和完整的作品表现形式逐渐接受，加之司法实践中网络游戏的新的著作权保护需求亟待回应，网络游戏作为一种独立的著作权作品类型的应然性将会得到认可。在实然层面，结合我国第三次著作权法修法的背景，著作权法对于新客体的包容性增强，网络游戏在著作权法中的独立客体地位是能够实现的。未来在条件成熟时当然可以增设游戏作品类型，在目前情形下可暂时将网络游戏认定为"其他文学、艺术和科学作品"，必要时也可采取链接式立法进行单独保护。

第一节　网络游戏具有著作权客体适格性

作为知识产权客体的下位概念，著作权客体应当符合知识产权客体的一般性要求。在知识产权法律体系已经日臻完善、知识产权法律观念已经深入人心的今日，知识产权理论依旧未形成体系化，对于知识产权的客体为何物这一最基本的理论问题均未形成共识或通说。但是，学者们从多种视角对知识产权客体本质进行了概括，关于知识产权客体的代表性学说有"智力成果说""知识产品说""符号说""信息说"等，对于分析著作权客体均有着参照意义。

一、网络游戏具备"智力成果说"客体要件

大陆法系的整个私权体系中最基础的概念是所有权（ownership）。因此，日本最初将知识产权称为"知的所有权""知识所有权"。我国法的结构及形式亦类似，在这样的法律结构体系之下，我国采用了"知识产权"的称谓，这一权利在我国法学界自然也被视为一种排他性权利（exclusive right），而这一权利所指向的客体并非有体物而是无体物，这些客体对象表现为技术发明、文学作品等人们创作产生的成果。在此思潮之下，"智力成果说"应运而生，认为知识产权法所保护的客体是人的智力劳动成果。这一学说根植于深厚的法哲学理论基础，亦能够解释著作权客体的财产属性及其正当性来源，受到我国法学界广泛认可接受。

"智力成果说"也受到我国成文法的采纳。根据"智力成果说"，作品即是在文学、艺术和科学领域内具有独创性的，并能以某种有形形式复制的智力创作成果。[1]根据"智力成果说"，受著作权法保护的作品需具备独创性和可复制性两个基本构成要件。

独创性是著作权法中一个最为基础的核心概念，表述着作者何以成为

---

[1]《著作权法实施条例》第2条。

作者、作品何以成为作品以及作品与作者之间的关系等基本命题。首先，著作权法所保护的作品应当满足独创性要件。站在经验角度，独创性表现为独立创作这一事实。英美法系即从创作行为出发对独创性标准进行考察，从而概括为"额头出汗"原则。一方面，"额头出汗"意味着独创性的最基本要求是作品应当来源于作者，是作者思想感情之外化，作者与作品之间应当是真实的创作与被创作的关系，而非抄袭；另一方面，"额头出汗"意味着创作这一行为是具有劳动属性的，作品是脱离了自然状态的劳动产物，具有成果性价值。若无人"出汗"，则不具有独创性。显然，"额头出汗"与洛克的劳动理论相符，但这一独创性标准对于著作权客体的要求是较低的。从抽象的角度理解，独创性表现为一定的创作高度，即该作品应当具有一定的创造性和文学艺术价值；或表现为作品中所凝结的作者之个性，即该作品区别于其他同类型作品之处及其特点之所在。

其次，著作权法所保护的作品应当具有可复制性，即有着可固定、可复制的表达形式。要求著作权客体具有形式要件的原因在于，作者在创作过程中的思想、情绪、创意、灵感等抽象理念需依靠一定的有形表达予以固定，方能凝结为客观世界中的具体作品，若仅处于思想形态，不具有表达形式，则无法获得著作权法保护。上述观念和情感一般通过文字、符号、数字、色彩、音符、造型、形体动作等形式表现出来[1]。可复制性也同样是作品获取著作权保护的基本要件，若作品是不可复制的，则不具有被侵权与权利行使的可能性，便不具有对其著作权保护的必要性与可行性。在历史进程中，技术的进步将不断为人类智力成果带来新的创作方法，但只要作品属于独创性的智力劳动成果且是可固定、可复制的，则应当受到著作权法的保护，而不应拘泥于其表达所采取的是何种具体形式。

作为一个整体，网络游戏是否具有著作权客体适格性，国内外学者亦有探讨。较早的观点是游戏整体作为一个不可预测的系统不具有可版权性——"在达到创作的程度之前，游戏和其他系统都应该被排除在著作权

---

[1] 齐爱民等：《著作权法体系化判解研究》，武汉大学出版社 2008 年版，第 34 页。

保护范围之外"[1]。随着计算机技术进步和游戏产业发展，游戏作品的内容愈加复杂化、多样化，近年来开始有观点认为游戏整体作为智力成果符合著作权法作品定义，应当作为整体作品保护，以规制"换皮游戏""克隆游戏"等抄袭行为[2]。当然，要确定一项新型智力成果是否能够归入著作权客体范畴，需要进一步考虑该客体是否满足著作权客体的基本构成要件。

首先，网络游戏能够满足"智力创造"的要求，即具有独创性（originality）。各国对于"独创性"标准的构成要求有所差别，但基本可总结为以下几个方面：从抽象的角度理解，作品应体现作者人格，反映作者的意志、思想、情感；从经验的角度来看，作品应由作者独立创作完成，是进行智力劳动和"额头出汗"的过程；在创作高度方面，一般要求作品具有"最基本的创造性"或"一定程度的创造性"。在游戏诞生初期，计算机技术水平较低，游戏规则简单、视觉特效单一。随着技术和产业发展，网络游戏的设计已经达到非常复杂精巧的水准，凝聚了大量创意与智力劳动，并且融合了各类文学艺术元素，其独创性并不低于传统著作权作品。因此，自主开发的网络游戏能够满足作品的独创性标准。

其次，网络游戏具有可固定、可复制的完整表达形式。抽象的创作理念需依靠一定的有形表达以固定和体现，方能凝结为客观世界中的具体作品，若仅处于思想形态，不具有表达形式，则无法获得著作权法保护。可复制性也同样是作品获取著作权保护的基本要件，否则便不具有保护的必要性与可行性。在历史进程中，技术的进步将不断为人类智力成果带来新的创作方法，但只要作品属于独创性的智力劳动成果且是可固定、可复制的，则应当受到著作权法的保护，而不应拘泥于其具体表达形式。正如《伯尔尼公约》第 2 条的表述，著作权法所保护的作品应当是"文学、科学及艺术领域的任何作品，无论其采用何种模式或形式表达"。因此，网

---

〔1〕　B. E. Boyden, "Games and Other Uncopyrightable Systems", 18 *Geo. Mason L. Rev.* 439, 2011.

〔2〕　See Susan Corbett, "Video games and their clones: How copyright law might address the problem", *Computer Law& Security Review*, 2016.

络游戏整体具有著作权客体适格性。

因此，网络游戏是一种独立、完整的智力创作成果。网络游戏自主开发过程是一个整体过程，而非对各类文学艺术元素进行孤立创作和机械组合。网络游戏的前期策划、编程、美工、音效配乐、后期测试等开发过程中的每一步骤均需要互相交流协作，达到思想理念的统一性和具体表达的自洽性，保证最终完成的游戏作品符合预期开发目标，以完整形式投入市场并为玩家所使用。因此，网络游戏应属于一项完整的智力劳动成果。美国最高法院大法官安东尼·斯卡里亚也认为网络游戏通过传统的文学手段（如人物、语言、情节、音乐）以及独特的功能设计（如虚拟互动）传递思想、创意及信息，应同书籍、漫画、戏剧等其他艺术形式一样作为一项完整的艺术作品而受到宪法保护[1]。此外，对于任何作品类型而言，作品内容均可能具有一定程度的"可拆分性"，但不应成为否定其整体性的原因，尤其是当此项作品在创作理念、创作过程、使用和传播方式等方面均以完整形式呈现时。网络游戏同样是由文字、色彩、线条、数字、音符、造型、动作等来组成作品，而这些内容与传统的文学作品、美术作品、视听作品等同样属于智力成果的表现形式。因此，网络游戏符合著作权客体"智力成果说"所要求的独创性与可复制性构成要件，具有著作权客体适格性。

二、网络游戏属于"知识产品说"客体范畴

与大陆法系对所有权（ownership）概念的重视不同，英美法系的私权体系是围绕财产权（property right）这一基础概念建立的。相应地，"Intellectual property right"的英文原意为智力财产权利，也有学者将其译作"智慧财产权"。知识产权可以被理解为一项法定的特殊财产权利，与一般的有体财产权利区分开来，客体的非物质性成了知识产权与其他财产权利最为本质的区别。从客体非物质性出发探讨知识产权客体的代表性学说有

---

〔1〕 参见《电子游戏媒介的艺术性》，载 http://news. xinmin. cn/rollnews/2012/10/17/167463 59. html，最后访问日期：2017 年 7 月 24 日。

"知识说"和"知识产品说"。以刘春田教授为代表的"知识说"认为，知识财产权的客体是知识。知识是独立于物质世界和精神世界的人造"第三世界"，是人的创造"物"，是人类对认识的描述，是沟通思想与感情的工具，具有无体性、永存性、有形性等特征。作为知识财产权客体的知识是有限的、有正误之别的、可以被造假的，而信息是无限的、无真伪之分、不能被造假的〔1〕。以吴汉东教授为代表的"知识产品说"则更为具象，认为知识产权的客体是知识产品，知识产品是人类知识的创造物。这一学说突出了知识产品在市场环境和产业链条中所具有的商品属性，有利于解释知识产权客体的财产属性之所在〔2〕。

若从"知识说"的角度来分析著作权客体，那么作品即是文学、艺术和科学领域的人类创造物。若从"知识产品说"的角度来分析著作权客体，那么作品即是文学、艺术和科学领域的知识形态产品。顾名思义，产品首先须处在产业链条之中。不同的时代有着不同的艺术形式，造就了不同的文化产品和产业，游戏产业即是 20 世纪 70 年代跟随电脑软硬件技术应运而生的一种新的文化产业。游戏产业依赖于技术，产业资本也驱使着技术进步，二者互相促进，逐渐演变发展为如今繁荣之状。另外，产品具有一定的功能。网络游戏开发者的创作力和想象力几乎不受限制，数字技术不仅可以模拟现实世界中的各种场景，还能够描绘出并不属于自然界与人类社会的各种虚拟场景和世界观。因此，网络游戏是一种囊括力极强的综合性文化产品，丰富并增强了传统文化产品在视觉、听觉等方面的体验感。通过游戏开发者对产品内容的刻意设计，游戏可以实现审美、娱乐、社交、益智等多种不同的功能。

三、网络游戏符合"信息说"客体特征

"作为知识产权客体的智力成果，一般均表现为一定的信息"，因此产

---

〔1〕　刘春田：《知识财产权解析》，载《中国社会科学》2003 年第 4 期。

〔2〕　参见吴汉东、胡开忠：《无形财产权制度研究》（修订版），法律出版社 2005 年版，第 32 页。

生了从信息这一角度来描述知识产权客体本质的理论体系，即知识产权客体"信息说"[1]。世界知识产权组织认为，知识之所以能够成为财产权利的客体，并不是因为那些知识的复制品具有财产价值，如一本书、一盘光碟，而是因为包含在这些复制品中的信息具有财产价值。人们往往为不同的信息寻找适合的载体，把各种各样的信息与各种有形物质相结合，并把这些结合产物作为商品来销售，但是这些商品并非知识产权的客体，体现在这些产品中的信息才是知识产权的客体[2]。当然，并非所有的信息均属于知识产权客体，纳入知识产权保护范围的信息应当是源于人且有价值的。

若以"信息说"的观点来看待著作权客体，那么作品即是通过文字、图像、声音等形式表达作者思想感情的信息。信息由"同型结构"及"意义"构成，可以借助一定的结构来表达某种意义，作为著作权客体的作品也同样具有一定的结构形式用以表达作者的某种思想感情。信息是可复制的，并且需要依附于一定的载体而存在，作为著作权客体的作品同样需要具有可复制性。信息需要借助一定的媒介进行传播，这与作品的传播利用方式以及著作权权利体系亦相对应。相较于"智力成果说"和"知识产品说"，"信息说"更加强调作品的抽象内涵，不论其表达形式和载体的变换，只要所传达的内容是同一的，则为同一客体。"信息说"对著作权客体外延所持的此种开放态度，使其更加能够适应信息载体和传播方式愈加多样的现今社会。

站在"信息说"的角度，可将网络游戏看作一种根据操作指令在电子设备运行过程中展示思想感情内容的信息。这种信息源于游戏开发者，所依附的载体是运营商服务器与计算机终端，通过数字技术与网络技术传递给游戏用户，以展现其内容中所包含的思想、情感、审美观、价值观和世界观。显然，这种信息是源于人且有价值的，从信息论的角度分析，网络

---

[1] 郑成思：《知识产权法》（第2版），法律出版社2003年版，第10页。

[2] 参见世界知识产权组织编著：《知识产权纵横谈》，张寅虎等译，世界知识出版社1992年版，第4页。

游戏具有著作权客体适格性。

第二节　网络游戏应获得独立的客体地位

在目前的作品理论框架之下，对网络游戏作品性质的观点主要可包括"集合作品说""视听作品说"以及"独立客体说"，但前两者均具有概念不周延、定性不准确、具体制度不适用等明显缺陷，而"独立客体说"目前仅仅是极少数法官和国外学者提出的单纯观点，尚未有深入系统的研究，也缺乏进一步的理论支撑。若试图解构网络游戏的著作权客体性质，从作品符号论的角度分析能够较为清楚、完整地展示和突出网络游戏相较于传统作品所体现出的新颖性和特殊性。从符号形体的角度进行分析，能够阐明网络游戏文学艺术元素的集合性、碎片化、虚拟性；从符号组合的角度进行分析，能够展示游戏过程动态的设计性、交互性和开放性；从符号解释的角度进行分析，可以突出网络游戏具有的新独创性内容；从符号对象的角度进行分析，可以突出网络游戏作为一个整体作品的不可分割性。

一、网络游戏"集合作品说"及其缺陷

网络游戏"集合作品说"并不突破我国现行《著作权法》的客体类型框架，在法律适用上具有灵活性与针对性，为法官提供了一定的选择与裁量空间，能够为具体个案中的网络游戏提供相适宜的著作权定性与保护。尽管如此，网络游戏"集合作品说"在理论和适用两方面仍存在缺陷：

在理论方面，将网络游戏中的各类文学艺术元素进行"拆分"，不仅是对作品形式的分离，也是对作品实质的割裂。因此，在分别认定著作权法中现有的作品类型时，在独创性的判断上易出现问题。网络游戏"拆分"定性这一模式，尤其是对文字作品、声音作品等拆分的可行性值得商榷。网络游戏并非数个传统著作权作品直接"汇编"的产物，其所包含的音乐、美术、文字等著作权元素拆分之后并不能完全归入传统作品类型框

架之中。因此，"拆分"定性模式将带来许多游戏中所包含著作权元素定性困难的问题，如游戏界面和道具是否能够认定为美术作品；知名商品包装装潢、游戏动画特效是否应当属于美术作品或电影作品。若将游戏中一系列碎片化的文字等表达视为一个整体从而认定为文字作品，这种做法更是呈现出了以结论为导向而强行论证的趋向。

在法律适用方面，在传统作品类型框架之下对网络游戏进行"拆分"认定与"挂靠"保护的模式，存在着保护范围上的空缺。软件作品的保护范围被限定为计算机程序及文档，无法涵盖网络游戏画面及所包含的视听元素。美术、音乐、文字、视听等传统非交互性作品虽能够涵盖网络游戏中的文学艺术元素，但无法涵盖游戏玩法与规则设计，无法规制"换皮游戏""克隆游戏"等抄袭行为。在 2014 年《炉石传说》诉《卧龙传说》游戏抄袭案中，暴雪公司在保护诉求中提出的"独创性最高的卡牌与套牌组合规则"，因不属于现有著作权法中任何作品类型中的作品内容而被法院认定为不属于著作权保护范畴。在 2016 年《奇迹 MU》诉《奇迹神话》游戏著作权侵权案二审判决书中，法官将网络游戏的整体画面认定为"类电影作品"，通过对画面设计进行保护的方式来规制游戏整体抄袭行为，也体现了目前司法实践为回应网络游戏著作权保护需求而寻求新路径的情况。

二、网络游戏"视听作品说"及其缺陷

网络游戏"视听作品说"虽然给游戏作品提供了整体性的保护，但仍然存在以下几个方面的缺陷：

首先，将网络游戏认定为视听作品是一种"挂靠"定性的模式，存在着概念上的不周延。《视听作品国际注册条约》对于视听作品概念的界定是"任何包含一系列固定的相关影像的作品，无论是否有配音，应当是易于可视的，如果配有声音，应当是易于听到的"；《法国知识产权法典》认为视听作品是"由系列动画影像构成的电影或其他作品，无论是否配有声音"；《西班牙版权法》将视听作品界定为"使用一系列影响表达的创作，

无论是否配有声音，目的主要是能够通过投影仪或者任何其他公众传播的方式演示影像及声音，而不考虑包含上述作品的具体介质的性质"。因此，从概念上，广义的视听作品的确能够涵盖目前大部分网络游戏。但是，网络游戏运行后虽以视听形式整体呈现，但其著作权客体性质与视听作品并不相同。在对视听作品概念界定较为宽泛、可作广义解释的许多国家或地区，司法实践中未将游戏统归于视听作品，在具体个案中某些类型的游戏与视听作品表现出较为强烈的区别。如在 Vincent v. Cuc software 案中，法国法院认为 CD-ROM 中的视频游戏具有极强的互动性特征，并不属于连续、线性的影像显示，因此不能认定为视听作品[1]。

其次，网络游戏"视听作品说"忽视了游戏的交互性和动态画面的随机性，剥夺了游戏玩家，尤其是职业选手在游戏过程中的参与者地位。网络游戏"并非供公众单纯依靠视听觉进行被动欣赏的作品"，而需要玩家进行操作输入以产生持续的动态画面输出，游戏动态画面是游戏程序正常运行与游戏玩家参与操作所共同呈现的结果[2]。游戏整体画面被认定为类电影作品则会导致著作权权属问题，即游戏整体画面的作者究竟是谁的问题。后文将有分析。

最后，将网络游戏归于视听作品类型的定性思路，在著作权保护范围、保护期限、限制制度、权利项的设置以及一些具体法律规则的适用方面也存在争议[3]，如电子竞技职业选手能否享有表演者权、游戏著作权人是否应当享有"播放权"或"放映权"、游戏直播行为是否属于著作权合理使用等问题。欧盟法指令也认为将网络游戏等互动性作品认定为视听作品并不适宜，将造成一系列著作权、所有权及合同方面法规的不适用[4]。

---

〔1〕 参见［英］帕斯卡尔·卡米纳：《欧盟电影版权》，籍之伟、俞剑红、林晓霞译，中国电影出版社 2006 年版，第 68 页。

〔2〕 王迁：《电子游戏直播的著作权问题研究》，载《电子知识产权》2016 年第 2 期。

〔3〕 参见蒋强：《不宜将游戏认定为电影类作品》，载《中国知识产权》2017 年第 8 期。

〔4〕 参见曾晰、关永红：《网络游戏规则的著作权保护及其路径探微》，载《知识产权》2017 年第 6 期。

三、网络游戏"独立客体说"的证成

网络游戏"独立客体说"正视了网络游戏与传统作品的著作权客体性质之区别，有利于解释"集合作品说"与"视听作品说"何以存在缺陷，以及说明现有作品类型框架下网络游戏著作权保护的问题之根源。要论证"独立客体说"，还需涉及对著作权客体、独创性、作品等概念内涵外延的准确把握和正确解读。结合第二章第三节对作品概念的符号三元论解释，即作品是作品表达（符号形体）、作品思想（符号解释）和作品存在形式（符号对象）的统一。

首先，作品需要采取一定的符号形体作为表达方式，即组成该作品的最基本的文学艺术元素。其次，作品的结构形式往往需要符号形体的组合，即符号形体以一定的方式进行整合，形成一定的结构或系统，以形成一个完整的表达。在符号解释的层面，作品的思想可以理解为符号及符号组合背后所代表的信息，也就是符号解释。在符号对象的层面，作品将被其符号形体所指示和表征。因此，作品本身作为一个特定事物的存在就是一个完整的符号对象。

根据作品概念三元论，可以从网络游戏作品的符号形体、符号组合、符号解释和符号对象四个方面入手，对网络游戏的著作权新型客体性质进行深入剖析，同时可为网络游戏获得独立的客体地位提供理论支撑。

（一）网络游戏符号形体的新特性

网络游戏是电影制片技术、计算机软硬件技术、互动媒体技术相互融合而生的新型智力成果，体现为诸多文学艺术元素的集合体，具有著作权元素集合性。

1. 多样性

网络游戏的符号形体的集合性首先体现为多样性。网络游戏包含了各类符号形体，这些符号形体可能与软件作品、美术作品、音乐作品、文字作品、电影作品相同。从计算机编程的角度而言，网络游戏最为重要的组成部分是游戏引擎和游戏资源库。游戏引擎即是由计算机代码指令所组成

的、控制着运行动态的程序，属于软件作品的符号形体。而游戏资源库则包含着各种文字、图片、音频、视频等文件，按照游戏程序的代码指令和游戏用户的实时操作，有规则地呈现在游戏运行动态之中。游戏资源库中的一系列文学艺术素材，当然可能包含文字作品（如一段背景故事）、音乐作品（如完整的背景音乐、主题曲）、美术作品（完整的人物形象设计）和视听作品（如一段预设的视频）的符号形体。总之，包含着诸多或完整或零碎的文本、美术、音乐、视听素材，是网络游戏作为著作权新型客体的最直接的特征。此种特征一方面印证了网络游戏具有应受著作权保护之属性，但同时又使得其客体性质极为特殊，显现出多维度的著作权客体适格性，导致在立法和司法实践中出现不少性质认定与法律适用上的争议，也促使了网络游戏"集合作品说"的出现。譬如电子竞技项目《英雄联盟》中的场景地图、人物形象、道具的设计，如下图：

图 4-1　网络游戏中的艺术设计

2. 碎片化

除多样性以外，网络游戏符号形体呈现出碎片化的特征。因此，网络游戏的集合性并非指传统文学艺术作品的机械组合，而是文学艺术元素的集合。网络游戏包含的并非一个个传统著作权作品，而是著作权元素，即除上述文字、美术、音乐、视听作品等完整作品以外，网络游戏还包含着许多零碎的文学艺术元素，这也是网络游戏的著作权属性远比其他传统作品更为复杂的一大原因。网络游戏并不是著作权作品的集合体，而是著作权元素的集合体，因为网络游戏中的许多文字、音乐、美术等文学艺术元素以碎片化的形式存在，而并不一定能够分别单独构成作品。游戏资源库中的所有文学艺术元素并非一定能够单独构成著作权作品，譬如其中角色名称、装备名称、地名甚至游戏名称等文字元素是极为零碎的；其中的音效、配音等元素也不具有完整的音乐作品形式；其中的道具设计、标识设计等静态美术素材数量繁多；还包含着技能特效等动态的美术素材，这是传统著作权作品所不具备的。

此外，网络游戏的符号感知方式不同，传递信息的方式不同，实现符号精神功能的方式也不同。网络游戏虽然都能够以软件、代码或其他格式储存在计算机之中，但与传统作品不同的是，网络游戏并非由玩家被动接受、被动欣赏的作品，而是需要玩家持续操作，以实时互动反馈的形式来传达游戏内容。网络游戏运行的技术原理较传统作品更为复杂，从游戏网站上下载安装好游戏程序后，玩家在计算机上启动程序时便会将资源库的内容载入内存和CPU，在玩家不断操作的过程中进行指令输入，客户端与服务器进行数据交互，产生多媒体视听画面输出，游戏进程在交互中随时调整变化，直至一局游戏结束。以《英雄联盟》里的某一道具为例，其在游戏程序中的代码需要编写出的内容包括：名称、类型、攻击力数值、攻击范围数值、应当调动图片库中的哪张图片等，这些都需由代码整合起来，作为整个游戏程序的一部分，进而展示在游戏运行的视听动态中。

（二）网络游戏符号组合的新方式

网络游戏中所预设的固定的文本、音乐、美术等著作权元素是以游戏素材库的形式储存、再经由游戏程序运行、加上玩家操作最终呈现在运行的视听动态中。因此，游戏素材库中的一系列著作权元素将以何种顺序、何种组合出现，甚至是否出现在游戏运行画面里，是不确定的。也就是说，每一局游戏所呈现的视听内容并非完全固定的，而是具有一定随机性的。

游戏呈现内容的随机性，可以来自游戏系统本身设置的随机信息。此处的随机性指的是游戏中那些不可预测的并且会影响游戏进程的系统信息。游戏本身随机性最早体现在卡牌类游戏中，经典例子便是掷骰子、洗牌、发牌等系统，也包括网络游戏中的游戏装备合成（数个低级装备可合成一个随机的高级装备）等，也包括诸如《绝地求生：大逃杀》中随机轰炸的地点等。这自然会导致每一局游戏所呈现的视听动态内容有所区别。

游戏呈现内容的随机性，也可以来自游戏规则给玩家提供的操作选择、操作空间，玩家操作的不可预测性也导致了游戏呈现内容的随机性。譬如在解密类游戏当中，成功通关的操作路径通常是唯一的或极为有限的，游戏呈现内容的随机性体现为每一次游戏失败画面的无数种可能。譬如在纯粹剧情类游戏《仙剑奇侠传》中，往往也预设了多个剧情的组合，在某一段剧情完成后则需要玩家进行操作选择以推动剧情发展，玩家每一次的不同选择将导致后续呈现剧情的不同。又如在随机性较大的竞技类游戏《英雄联盟》中，每一局游戏均需要 10 个玩家持续不断地进行操作，因此游戏的每一帧画面均可能根据玩家操作不同而有所不同——这一点在游戏《绝地求生：大逃杀》中体现得更为明显，根据每一局游戏中数十个玩家的操作，可能发生的剧情、胜负结果等呈现的动态内容均不相同。

游戏内容随机性并非随意为之，反而是游戏创作者精密设计的产物。网络游戏呈现的动态内容随机性大小是根据游戏设计者在系统中为玩家操作所预留的空间大小决定的，也就是由游戏开发过程中的游戏玩法理念、游戏机制架构、游戏规则设计所决定的。游戏设计者可以将游戏进程的某部分完全固定，也可以将另一部分的可能性限缩在极小的范围之内，甚至可以将某一部分的可能性完全留给玩家完成。如果设计者不为玩家操作预留空间，而是将视听动态呈现内容进行完全的预设固定，那么游戏运行后与电影作品将没有区别，丧失了交互性特征，也就无法被称为游戏。从游戏的欣赏者、体验者，即玩家的角度来看，这部分游戏内容是随机的、不可预见的，但这种随机性与哲学上"不可知论"的概念不同；从游戏的创作者、设计者的角度而言，这是经过一系列智力活动形成的一种"留白"艺术。

网络游戏这种"留白"的创作手法，加上游戏操作系统的特殊功能设计是使网络游戏具有交互性艺术特征的主要原因，也是网络游戏区别于传统著作权作品的最大特点。但这些游戏玩法、游戏机制和游戏规则的设计是否能够落入著作权保护的客体范畴，则需要进一步探讨。网络游戏呈现内容的随机性也带来了玩家操作行为的法律性质问题，最具争议的即玩家行为是否属于创作行为的问题。后文将有论及，在此不再赘述。

（三）网络游戏符号解释的发展性

符号形体与符号解释是一体两面的关系，因此，作品也是思想与表达的统一体。结合作品的"思想—表达"二分法，作品由思想到表达的形态转换过程可以这样解释：第一个层面，抽象的思想形态，即作品在作者头脑中构思完成，已经形成了清晰完整的创作意图，但尚未能以有形形式展现出来，不具有表达形态；第二个层面，具体的表达形态，从思想到表达的转化可以理解为抽象理念转化为客观表达的过程，即通过一系列符号和结构安排，且固定在一定的载体之上来达成作品的形式要件，从而对思想进行表达，是作品从主观世界到客观世界的转化完成。

网络游戏的符号传递的是信息与思想，区别于传统作品。首先，网络游戏是技术进步带来的新的符号形体和符号组合，能够表达新的符号解释。也就是说，网络游戏具有新的独创性内容。网络游戏产生于技术进步所带来的新的创作方法，也包含了新的独创性元素。依靠计算机网络技术与互动媒体技术的结合，网络游戏能够将传统作品所不具备的交互性元素以游戏规则的形式予以固定，最终具象化地表现为游戏运行动态中的一系列设定，如参数（价格、血量、伤害值等数值系统）、图形（路线、障碍、地图等图形系统）、音乐（操作音、提示音等示意）、文字（背景故事、角色姓名、道具名称、技能名称等各类简介）、视觉特效（如技能的命中与否、弹道范围、颜色变换）等。

国外司法实践对独创性游戏规则的著作权保护已有先例，在著名的《Meteors》与《Asteroids》的案件中，美国法院就对游戏进行了整体性的保护，在对涉案游戏进行对比时，列出了原告游戏中 31 处具有独创性的设计，其中既包括人物、界面、场景、动作等美术设计，也涉及游戏具体规则的设计[1]。类似地，在我国 2016 年《奇迹 MU》诉《奇迹神话》游戏著作权侵权案中，法官将游戏具体规则的设计与美术、音乐等传统著作权元素一同纳入了实质性相似的比对范围，如"每一个地图对玩家的等级限制""两款游戏均有剑士、魔法师和弓箭手三个角色，并且技能基本相同""游戏装备的属性"等，并认为两款游戏"在玩法方面高度近似"[2]。可见，具有独创性表达的游戏规则设计在司法实践中已经间接地受到著作权保护，而这一独创性的作品内容是传统作品类型所不具备的。

（四）网络游戏符号对象的唯一性

从作品思想与表达的层面来看，网络游戏符号对象的唯一性体现在游戏中的各种符号形体的表达均可以指向同一思想内容，这些碎片化的文学艺术元素所表达的思想内容具有唯一性，是无法按照符号形体来进行分割的。游戏代码与游戏中的美术、动作、视听等元素的关系并不是割裂的，而是一体的。譬如，在下图中，下列游戏程序的代码为网络游戏编写了一次普通攻击的完整过程，其中包含了数值的策划创作，如攻击范围、攻击所造成的伤害值等，也包括了调动何种美术素材，此代码中所调动的是剑，这段代码体现在游戏运行动态中就是一个攻击的视觉效果。而在下图所示的游戏运行中，将鼠标指针放在该游戏道具上所显示的画面，包括了图片、数字、文本。这一图片所包含的信息指向了在游戏中使用该道具所形成的效果即游戏规则的设计，也指向了游戏的代码会如何进行编写。总而言之，网络游戏通过诸多著作权元素的集合，通过游戏程序将作品进行固定，通过在电子设备上运行以多媒体方式进行表达，通过玩家与游戏系统的交互来呈现。这些不同的表达方式和作品形式的存在，均是为了服务

---

〔1〕 Atari, Inc. v. Amusement World, Inc. , 547 F Supp. 222, 229（D. Md. 1981）.

〔2〕 参见上海市浦东新区人民法院［2015］蒲民三（知）初字第 529 号民事判决书。

于一个完整的作品思想内容，最终实现游戏开发者所预期的艺术价值与商业价值。

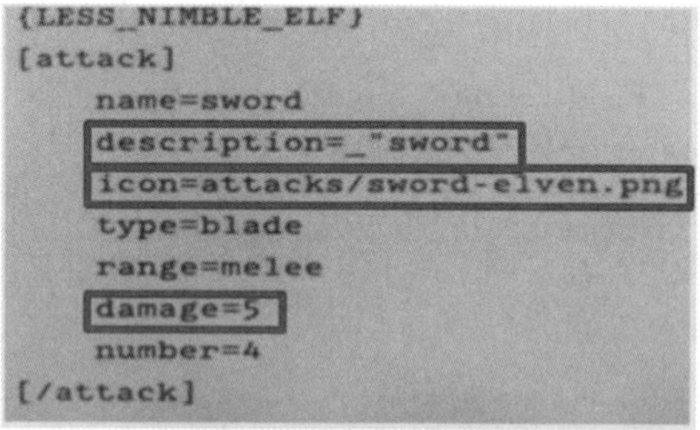

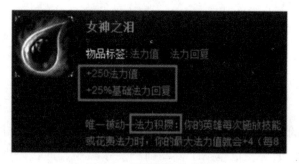

{LESS_NIMBLE_ELF}
[attack]
name=sword
description=_"sword"
icon=attacks/sword-elven.png
type=blade
range=melee
damage=5
number=4
[/attack]

图 4-2　网络游戏的代码

女神之泪
物品标签: 法力值　法力回复
+250法力值
+25%基础法力回复
唯一被动—法力积攒: 你的英雄每次施放技能
或花费法力时，你的最大法力值就会+4（每8

图 4-3　网络游戏的数值

从艺术价值、社会文化、产业链条和大众认知的层面来看，网络游戏符号对象的唯一性体现在其不可分割性。网络游戏本身就是一个符号对象，这个符号对象是完整的、唯一的。从产生之初至完整并投入市场，网络游戏的符号形体和组合均指向一个符号对象，是一项完整的智力劳动成果。网络游戏自主开发过程是一个整体的过程，是将该游戏视为一个符号对象而非对各类文学艺术元素进行孤立创作而后加以机械组合。同其他作品类型一样，尤其是网络游戏作为综合型的艺术作品，其作品的具体内容也具有一定程度的“可拆分性”，但这些具体内容在拆分之后其艺术价值将会大大受损。即使是拆分之后，这些具体内容仍然指向同一个符号对象，即该网络游戏本身。因此，不论是在艺术价值方面，还是在市场、产业和大众认知之中，网络游戏已经成为一个完整符号对象。

第三节 网络游戏客体属性界定与保护的法律进路

在《著作权法》第三次修正之前，网络游戏的著作权客体地位并不明晰且存在争议。但在司法实践中，将网络游戏整体认定为一项完整作品的必要性已经逐渐显现。在 2016 年《奇迹 MU》诉《奇迹神话》游戏著作权侵权案二审判决书中，法官认为对于"著作权新客体性质认定应当依据作品分类的实质因素进行判断分析"，认可了一审法院将网络游戏整体画面认定为"类电影作品"以规制游戏整体抄袭行为的判法；在 2018 年 3 月宣判的《花千骨》诉《太极熊猫》游戏侵权一案中，法院首次将网络游戏认定为"法律、行政法规规定的其他作品"[1]。可以说，网络游戏作为著作权作品新类型的特征已经在司法实践中逐渐得到承认。有学者认为目前暂时"没有必要单独创设游戏作品类型"[2]。诚然，单独创设一项作品类型还涉及立法技术方面的可行性问题。但是，一项新型智力成果兼具著作权客体适格性与特殊性，并且在司法实践中显现出新的著作权保护需求，可谓已经具备了作为一项新作品类型的正当性与必要性。

《著作权法》第三次修正后，针对著作权客体拟采取开放性立法模式，主要包括增加作品定义、修正作品类型，从客体适格与作品定性两方面为新作品类型预留了空间。在此框架之下，网络游戏整体的著作权客体适格性有了从应然转化为实然的可能。在概念加列举的开放性立法模式之下，网络游戏获得独立客体地位的路径有二：一种是将网络游戏纳入著作权作品概念中，认定为"其他作品"，并不专门列举；另一种是在著作权法中直接增设游戏作品类型，与其他著作权作品一并列举。在目前的《著作权

---

〔1〕 苏州市中级人民法院［2015］苏中知民初字第 00201 号民事判决书。
〔2〕 崔国斌：《认真对待游戏著作权》，载《知识产权》2016 年第 2 期。

法》框架下，网络游戏可以通过第一种路径而获得单独的著作权客体地位和法律保护。

一、修正作品定义：把网络游戏纳入著作权保护的作品范畴

我国《著作权法》第三次修正后，第5条明确了作品定义，即"本法所称的作品，是指文学、艺术和科学领域内具有独创性并能以一定形式表现的智力成果"。这种对著作权客体采用概括性的立法模式，不仅符合世界各国立法趋势，还"可以有效解决作品类型列举不全的弊端，使其可以涵盖因科技发展而产生的各种新作品类型"[1]。相应地，在著作权法中增加作品定义，也更加准确地界定了作品的内涵，将不符合著作权法作品定义的新型智力成果排除在著作权保护范围之外。网络游戏作为科技进步所带来的新的智力成果，属于文学、艺术领域内，具有独创性和固定的表达形式，符合作品定义。同时，与其他作品类型一样，并非所有网络游戏都能够受到著作权保护，必须是符合著作权法所规定的作品内涵的、具备独创性表达的作品才属于著作权法意义上的作品。

二、划定作品类型：增设游戏作品类型或暂归入"其他智力成果"

我国《著作权法》第三次修正后，对现行著作权法中的作品类型进行了修正，将"法律、行政法规规定的其他作品"修改为"符合作品特征的其他智力成果"，与概括性的立法模式相呼应。网络游戏在创作方法、表达方式、独创性元素、作品使用和传播方式等方面均不同于传统作品类型，应当属于"符合作品特征的其他智力成果"。将网络游戏归类于"符合作品特征的其他智力成果"，与"拆分保护"的方式相比，能够给予网络游戏更加有效的著作权保护；与"挂靠保护"的方式相比，能够避免定性偏差带来的概念不周延以及一系列具体法律制度适用困难的情况。将网络游戏认定为"其他文学、艺术和科学作品"，也能够对游戏、电影、文

---

〔1〕 吴汉东：《网络版权的技术革命、产业变革与制度创新》，载《中国版权》2016年第6期。

学作品之间的授权改编进行有效的法律规制，以促进产业间良性互动。同时，也可给"单独创设游戏作品类型"这一命题以缓冲，以便进行更多立法技术上的研究与讨论。

三、回应保护需求：必要时以链接式模式对网络游戏进行保护

纵观各国立法，将网络游戏与传统作品区分进行著作权保护的趋势已经开始呈现。在保护范围方面，日本认为游戏著作权保护范围与视听作品应当有所区别。例如，视听作品的发行权不适用"首次销售权利用尽"原则，而游戏作品的发行权则受此限制。在保护期限方面，欧盟法指令在确定视听作品的版权保护期限时，明确提出了将游戏等交互性作品排除在视听作品保护范围之外的建议条款[1]。在权利项的设置方面，例如在游戏产业发展较早的韩国，电子竞技职业选手甚至能够享有"表演者权"，而传统非交互性软件作品的使用者并不能享受此权利；日本法学理论界亦认为应当给予游戏"量身定制"的法律保护，因为现有法律制度已经无法保障和促进游戏产业的发展[2]。

为回应网络游戏著作权保护需求，我国在必要时可以采取链接式立法模式，将游戏作品纳入著作权法客体类型之中，同时针对网络游戏著作权保护问题制定单行法律规范。因为，一方面，网络技术给传统著作权制度带来了巨大的冲击，许多理论与制度问题尚待研究；另一方面，网络相关产业的迅速发展对著作权保护的迫切需求也无法回避，需适时有所回应。在此情形之下，将网络游戏认定为"其他文学、艺术和科学作品"既可为单独立法保护提供合理的链接点，也给增设游戏作品类型留有余地，是目前较为妥当的选择。

总之，将网络游戏认定为著作权法的新作品类型，是实现有效著作权

---

〔1〕　参见［英］埃斯特尔·德克雷主编：《欧盟版权法之未来》，徐红菊译，知识产权出版社 2016 年版，第 66~67 页。

〔2〕　See WIPO, "The Legal Status of Video Games: Comparative Analysis in National Approaches", at http://www.wipo.int/export/sites/www/copyright/en/activities/pdf/comparative_analysis_on_video_games.pdf.

保护及正确适用具体法律规则的要求。即使是在对著作权客体采取开放式立法的国家，对作品类型进行划分仍具有重要意义：根据作品性质的不同，不同作品类型的著作权保护范围、保护期限有所不同；根据使用和传播方式的不同，不同作品类型享有的著作权权利项有所不同，即使是在著作权合理使用"四因素"标准中，"被使用作品性质"因素也发挥着重要作用。总之，赋予网络游戏作为新作品类型的著作权客体地位，具有理论的正当性与现实的必要性，也符合著作权客体扩张的历史规律和发展趋势。

第五章

网络游戏著作权权利归属

　　随着技术进步、产业变革和社会发展，著作权主体与权利归属制度也面临着一系列新的争议问题，如非物质文化遗产、民间文学艺术作品、孤儿作品等，而网络游戏著作权归属问题是最具代表性的问题。由于其客体性质的交互性，网络游戏在创作、欣赏和传播方面所涉及的主体比传统作品更为复杂——一方面，网络游戏所囊括的文学艺术元素众多，开发过程中所涉及的自然人作者也更多，在作者身份的产生上有许多值得研究之处。同时，网络游戏与其他艺术作品之间的互动关系更加立体，文学、动漫、影视作品等与网络游戏之间都可能互为原材料作品或改编作品，此间的权属关系也较为繁杂，需要厘清，尤其是玩家作为网络游戏的欣赏者，同时又可以成为表演者和传播者，甚至可能成为创作者，但目前玩家的法律地位并未得到确认，权益也难以获得保护。此外，还有网络游戏配音演员、电竞赛事节目录制者等表演者和传播者的主体资格和权益保护问题。总之，作为一种客体性质尚存争议的新型智力成果，对相关理论以及归属模式进行梳理并且对相关主体的身份的产生、确认以及权利归属问题进行探究，是尤为必要的。

第一节　网络游戏作者权权利归属

　　著作权权利归属问题包含以下两个不可或缺的层面：首先是著作权法领域的权利主体确认问题，即作者身份如何产生及其正当性的问题；其次是著作权权利归属制度安排的问题，即权利应当由谁享有的问题。随着历史上各国的文化艺术法律对以上两个问题侧重态度的不同，逐渐形成了两个法律体系：民法法系的作者权体系和普通法法系的版权体系。在以德国和法国为代表的作者权体系中，作者的身份在整个权利体系和制度构建中一开始便处于核心地位；而以英国为代表的体系却逐渐朝着维护出版商利益的方向发展。可以说，前者所关注的是作品的创作者，而后者所关注的是产品的制造者。

网络游戏著作权归属问题同样涉及这两个层面。根据我国著作权法之规定，我国遵循创作人原则，认为真正创作作品的人是作者，因此，有必要厘清谁是网络游戏的自然人作者。我国同时也建立了职务作品、法人作品和委托作品制度，电影作品等综合性艺术作品的著作权常常据此归属于制作者和投资方，因此，网络游戏是否能够直接适用这些制度，也是研究的另一方面。

一、网络游戏的作者身份及构成要件

与电影作品一样，网络游戏也是创作过程复杂、参与人员众多、分工细碎繁琐的综合性艺术作品。在电影作品产生之初，除作品性质受到质疑以外，电影创作过程中的哪些参与者具有作者身份的问题也经历了长久的理论探讨。可想而知，网络游戏的作者身份认定以及适格性也存在着许多需要明确的新问题。要研究这一问题，首先需要明确作者身份相关理论，包括作者身份的产生和构成要件、合作作者身份的认定等，其次需要厘清网络游戏创作过程中各个参与者的行为性质，包括自然人与法人。

（一）作者身份产生的理论基础

1. 基于人格和创作事实：人格主义

创作行为是一种事实行为，体现为"作品从构思到表达完成的整个过程"，是作者身份产生的原因[1]。随着启蒙运动的发展，"天赋人权"的自然权利观念逐渐深入人心，这一时期的许多思想理论也被用以解释财产权等权利产生的正当性。根据洛克的劳动理论，人们通过自己的劳动，可

---

〔1〕 吴汉东主编：《知识产权法》，北京大学出版社 2003 年版，第 23 页。

以使某物脱离原本所处的自然状态和共有状态。对于因为自己的劳动而增益的东西，理应由自己享有权利[1]。洛克的劳动财产权理论也常被用来解释著作财产权产生的正当性，若将洛克对于劳动的描述扩大到智力劳动上，那么自然人进行了创造性的智力劳动则应当对自己智力成果享有排他性权利。

德国先验唯心主义哲学思想也常被用于论证作者身份与创作事实的关系。根据康德、费希特、黑格尔的人格理论，精神技能、科学知识、艺术以及发明等，都可以成为契约所指的对象，而与买卖中所承认的物同一视之[2]。然而对于"通过精神的中介而变成的物"，则应当把物的所有权跟与物相关的某一些权利分离开来，将这一部分权利留给精神产品的缔造者，以体现其意志，如"复制它的可能性"。这一观念尤其体现在大陆法系理论中，认为作品的本质是作者人格的外化、个性的表现和精神的反映，因此也只有具有人格和血肉的自然人才能够成为作者。

在一些国际公约和国内立法的条文中也可窥见作者身份来源于创作事实这一观点，《世界人权宣言》的第 27（2）条明确"人人对由于他所创作的任何科学、文学或美术作品而产生的精神的和物质的利益，享有受保护的权利"[3]。我国立法也将作者表述为创作作品的公民，认为创作行为是指直接产生文学、艺术和科学作品的智力活动，因此，只有实际上从事了创作行为的自然人才是作者，而仅仅组织他人进行创作、提供工具、收集资料或其他辅助人员均不能成为作者。只有当法定例外情形或准许合同约定时，法人才能够自动取得著作权。并且，在以上绝大部分情形之下，作者仍然保留着不可转让的人身权利，如署名权等。

通过以上理论及制度之镜鉴，人格主义的作者身份构成要件可概括为：首先，作者需为自然人；其次，需存在创作意图与创作行为；最后，

---

[1] 参见［英］洛克：《政府论》（下篇），叶启芳、瞿菊农译，商务印书馆 1964 年版，第 19 页。

[2] 参见［德］黑格尔：《法哲学原理》，范扬、张企泰译，商务印书馆 1961 年版，第 43 节附议。

[3] Universal Declaration of Human Rights, Article 27.

其创作成果能够构成受著作权法保护的作品。网络游戏作为可能由多个自然人作者共同创作完成的综合型艺术作品，如何确定其合作作者的身份，也是必须研究的一个问题。其中的文学、美术、计算机软件等部分均可能由不同的自然人创作者完成。

2. 基于出资或创作意志：立法行为/工具主义

随着技术进步、创作形式日益多样，社会分工愈加细化，创作活动越来越复杂，创作行为这一原本简单的事实行为变得难以认定。譬如，电影作品的创作者是谁这一问题在历史上也曾引发争论。我国学者也认为某些作品"需要投入大量人力、物力和财力，单个自然人一般无法独立完成这项任务"[1]。

在此背景之下，不少国家转而从工具主义的角度将版权和专利权阐释为一种立法行为。以美国版权法为例，其中将知识产权制度目标解释为，为促进科学和实用技艺的进步而对作者和发明者的著作和发明给予一定期间和程度的保障。英美法系倾向于将作品视为纯粹的财产，其保护的核心是作品而非自然人创作者，出资者也可以成为作者，以达到保护投资和产业发展的目的。因此，英美法系的版权法中普遍规定，如果在双方没有其他约定的前提下，受雇佣完成的作品（work for hire）的作者应当是雇主，由雇主享有作品版权，认为"作者应当包括作品的雇主"[2]。

除出资者以外，具有创作意志的组织也可以被视为作者。根据集体意志理论，某些作品所体现的并非某一个人的意志或多个个体的意志相加，而是来自法人或者其他组织的集体意志。此外，出于便于权利行使、降低交易成本的考量，将集体组织视为作者也具有经济学上的正当性。即使是在属于大陆法系的德国，某些理论流派也一贯强调作品的集体属性，作品相关的权利被视为一种文化交流的管理工具。受集体主义创作观念的影响，德国法认为社会集体使得作者得以创作作品，因此，作者对社会集体

---

〔1〕 胡康生主编：《中华人民共和国著作权法释义》，法律出版社 2002 年版，第 70 页。

〔2〕 Roger E. Schecher, John R. Thomas, *Principles of Copyright Law*, West Publishing Corp, 2010, pp. 78~79.

负有相应的责任。"版权作为激励创作活动的手段，应当进一步为公民教育作出贡献，并促进技术进步、传播人文思想、维护和平稳定"[1]。普通法系倾向将版权视为一项"附条件获取"的权利，认为创作者要享有权利，需以文化自由、文化参与和科学进步为基本前提，且此项权利应当有助于社会的共同福利，而不仅仅是创作者自身价值体现[2]。

（二）网络游戏自然人作者身份的构成要件

1. 自然人作者身份的一般构成要件

从作者身份形成的过程来看，作者首先需进行创作构思，其次需实施创作行为，且创作完成的作品属于著作权法保护范畴。如此，作者便自动取得了著作权。但是，实践中我们需要考虑的问题往往是逆向的——面对一个既存的著作权作品，如何确定其作者身份。在这个语境下，作者身份的构成要件可从以下三个角度来考量。

第一，法律上具备主体资格。法律上具备主体资格的包括自然人、法人及其他组织。机器、程序或动物不能成为作者。

第二，主观上怀有创作意图。创作意图是获取作者身份的必要要件。首先，创作意图是独创性的要求，是前提条件。其次，在合作作品中，创作意图也是取得作者身份所必需的要件。

第三，客观上作出实质贡献。作出实质贡献也是独创性的要求，是作者身份产生的原因之一。实质性贡献，是对创作行为本身性质的描述，也是对创作行为与创作结果之间关系的描述。创作行为可理解为人将内心的情感、观念、理论等思维成果以某种形式表达出来的一系列过程。结合作品的"思想—表达"二分法，创作行为可从思想与表达两个层面进行解读，即在思维层面的实质贡献以及在表达层面的实质贡献，从而也产生了对实质性贡献的不同界定，下文将进行分析。

---

〔1〕 Y. Eminescu, Aktuelle Probleme des Urheberrechrs der Europäischen sozialistischen Länder, GRUR Int., 1980, p. 387.

〔2〕 Audrey R. Chapman, "Implementation of the International Covenant on Economic", Social and Cultural Rights, Discussion paper, UN E/C 12/2000/12, 3 October 2000, paras 23–8.

2. 合作作者身份的构成要件

在独立创作作品时，思维的创作与表达的创作是一体的，均指向唯一作者；但是在合作作品中要确定作者身份，则需要对创作行为本质以及其构成要件进行更加深入的探寻和更为准确的界定。合作作者身份的取得当然也要求有创作行为，客观上作出了实质性贡献。但是，合作作者的实质贡献涉及几个问题：首先，合作作者所作贡献的实质性应如何考量；其次，合作作者所作之贡献应当以何种形式出现在作品中，需具备何种条件。

对于合作作者所作贡献的实质性应当如何考量的问题，目前国外理论界主要存在两种观点。一种是戈德斯坦（Goldstein）教授提出的"可版权性贡献"标准，认为合作性的贡献与合作作品的产生之间并不具有必要的因果关系，只有当所作出的贡献是一种原创性表达（original expression），并且其自身已经足以成为版权法的客体时，方能获得合作作者身份[1]。另一种是尼莫（Nimmer）教授提出的"超过最小限量"（de minimis）标准，认为每一个作者对于作品的各自贡献并不需要也不可能相等，只要是对整个作品创新的、本质上的贡献，且从量或质方面均超过了最小限量，这种贡献即可视为实质性的贡献。作出了这种实质性贡献的人即可取得合作作者身份，而并不应当要求该个人的贡献必须单独构成可版权的材料（copyrightable material）[2]。

相较于"超过最小限量"标准，"可版权性贡献"标准更早地在司法实践中发挥了作用。以美国为例，在1991年的 Childress v. Taylor 案中便确立了"可版权性贡献"标准的普遍适用[3]。"可版权性贡献"标准的优点在于：首先，由于著作权法不保护创意，只能保护作品的表达，"超过最小限量"标准极易导致思想的垄断，也会限制作者吸取已存作品中的想法或者创意，很可能会严重阻碍创新。其次，采用"可版权性贡献"标

---

[1] See Paul Goldstein, Copyright: Principles, Law, and Practice 4.2.1.2, at 379 (1989).

[2] See Melvilie B. Nimmer, 1 Nimmer on Copyright 6.07 (1998).

[3] Childress v. Taylor, 945 F. 2d (2d Cir. N. Y. 1991).

准，可以使得著作权法和合同法的规制范围界限更加清晰——当达到"可版权性贡献"标准时，著作权法能够赋予合作作者身份；当无法达到"可版权性贡献"标准时，对作品有一定贡献的人可以通过合同来获得合作作者身份。最后，"可版权性贡献"标准在司法实践中适用性更强，而"超过最小限量"标准较难被证实，甚至可能导致与作品无关的人据此声称自己也是作者之一。

　　但是，"可版权性贡献"标准对于表达形式的重视和对思想创新的轻视，可能会挫伤创作参与者产生有价值创意的积极性，不利于激励创新。而且，"可版权性贡献"标准忽视了各类作品的区别以及未来可能出现的新作品之特性。在不同的作品之中，合作作者所作之实质性贡献可能以不同的形式体现出来，并不一定分别构成可版权性的材料。随着新作品类型的出现，美国法院在采纳"可版权性贡献"标准的基础之上，也开始借鉴"超过最小限量"标准。在 Gaiman v. McFarlane 案中，法院针对该案的特定作品类型适用了"超过最小限量"标准，认为在涉案漫画作品合作创作过程中，各个创作者分别负责的素描、着墨、涂色工作虽然难以分割为单独的可版权材料，但是这些工作均属于实质性的创作活动，每个创作者均作出了实质性贡献，因此，只要最终的合作作品能够落入著作权客体的保护范畴，那么作品的每一类自然人创作者都应当获得合作作者身份[1]。

　　因此，两种实质性贡献标准各有利弊，在合作作者身份判定中均有其应用价值，应当根据个案中具体情形选择适用。我国对于合作作者身份要件之规定主要体现在《著作权法实施条例》第 3 条之内容。首先，我国法律将创作行为定义为"直接产生文学、艺术和科学作品的智力活动"，提供咨询意见、物质条件或其他辅助性工作并不能被视为创作行为。但并未说明对创作行为和实质性贡献的考量应采用何种标准。其次，规定二人以上按照约定共同创作作品的，不论各人的创作成果在作品中被采用多少，应当认定该项作品为共同创作。可见，我国法律规定为两种实质性贡献标

---

〔1〕　Gaiman v. McFarlane, 360 F. 3d（7th Cir. Wis. 2004）.

准的适用均留有空间。

3. 网络游戏自然人作者身份适格主体

网络游戏著作权权属问题是一个新问题。这个问题之所以新，首先体现在作者身份的认定上面。网络游戏与电影、戏剧等作品一样，属于参与人员众多的作品，但是，与电影作品不同的是，电影作品中视觉部分所包含的场景、角色、物品等形象并不是虚拟的创作成果，而是现实的，道具、布景等工作一般不要求具有独创性，一般不构成著作权法意义上的单个作品，因此电影作品的剪辑人员、音响人员、化妆服装人员、灯光布景人员、剧务人员等参与者一般不能成为作者，属于辅助工作人员。但网络游戏的视觉部分（地图场景、角色形象、物品形象等）均可能是创造性的劳动结晶，相关人员在网络游戏开发中的参与可能构成创作行为。那么，相关的游戏设计工作人员是否符合网络游戏作者身份构成要件？网络游戏著作权适格主体应包括哪些？

显然，如果一个网络游戏是自主研发完成的，并且属于著作权法上受保护的作品范畴，则其必然存在着实施了创作行为的自然人。对创作行为构成要件的不同学说，主要包括以下三种。"独立思维说"认为如果具有独立的创作思维，则为创作行为，而不论其是否进行了直接的具体表达工作，如文学作品、绘画作品的创作构思[1]。"独创性劳动说"认为创作行为是一种独创性劳动，如果缺少此种劳动，那么作品便无法形成，在量上或是质上将不完整，这种独创性劳动是取得合作作者身份的必要条件[2]。"价值决定说"认为谁的创作为作品提供了价值，谁就应当取得作者或合作作者身份。[3]

但网络游戏的作者判定问题之所以值得探讨，原因在于网络游戏所囊括内容较为复杂，创作过程中涉及人员众多，网络游戏的自主开发可能分

---

[1] 于伟：《合著作品的认定标准》，载《法学》1990 年第 12 期。

[2] 李迟善：《合作创作决定著作权共有——与张佩霖同志商榷》，载《著作权》1991 年第 2 期。

[3] 张佩霖：《认定合作作品及著作权共有的法律界限再探》，载《政法论坛》1992 年第 1 期。

别涉及编程、美工、音乐音效、文字、配音等方面的创作。因此，需要考虑的问题有：是否每一个游戏开发人员均构成作者？若否，则哪些开发人员在何种条件下属于作者？在分析网络游戏开发人员的创作行为时，应当适用何种判定标准？结合网络游戏的开发流程，可从游戏策划、游戏设计和游戏编程三个层面来分析网络游戏开发人员的作者身份问题。

（1）游戏策划人员。游戏策划过程即是游戏创意产生以及游戏系统完善的过程，包括游戏的核心理念、整体架构、游戏规则、运行机制等诸多方面，如整个游戏建立在何种背景和世界观之下；游戏的玩法、规则和运行机制；游戏中的数值和变量设定；游戏角色的出身、性格和属性；游戏中的主线剧情和支线任务；游戏的战斗系统或社交系统等各方面。总而言之，游戏策划人员的工作可概括为以下两点：创建和完善游戏世界，使得整个游戏成为一个自洽的、完整的、具有可玩性的系统；将想法和设计理念传递给后续的开发人员，与游戏编程、美术、音频设计等人员交流协作直至游戏最终完成。

游戏策划工作可能由一个自然人完成，也可能是多个自然人合作完成。游戏策划人员具有法律上的主体资格和主观上的创作意图，问题的焦点在于其创作行为层面，即客观上的实质性贡献如何认定。

当游戏策划工作由一人完成时，主要应考量游戏策划是否构成创作行为。若游戏策划属于创作行为，则策划人员应当获得作者身份。按照独立思维说，游戏策划工作的内容即对整个游戏进行创作构思，其本质就是一种独立的创作思维，应属于创作行为。按照独创性劳动说，需要考量游戏策划工作是不是整个作品形成所不可缺少的。如果策划工作未能完成，后续的游戏设计和编程工作将无法进行；如果策划工作的质量不高，整个游戏作品将在完整度或可玩性上有明显缺失。因而，游戏策划工作属于独创性劳动。按照价值决定说，需要考量游戏策划工作是否给整个作品供给了价值、供给了多少价值。显然，从游戏最初理念到细微规则，游戏策划工作贯穿了整个游戏创作过程，并指导着设计和编程工作。可以说，游戏策划工作的质量决定着整个游戏的优劣，在整个游戏创作过程中具有前提性和总括性地位，当然属于创作行为，足以使相关人员获取作者身份。

当游戏策划工作由多个自然人合作完成时，创作行为的考量标准则更为精细。"可版权性贡献"标准显然在此处并不适用，因为游戏本身的文字故事部分、美术形象部分甚至音乐音效部分，都体现着游戏策划人员的理念和构思，无法按照独立的可版权客体进行划分；但是，如果没有游戏策划人员的创作思维，那么整个游戏作品是无法完成的。因此，在可版权性内容无法与创作人员一一对应进行拆分时，此处应当适用"超过最小限量"标准。若某一游戏策划人员所做之工作对整个游戏作品的独创性发挥了实质性的作用，那么他的策划行为就可以被认定为创作行为，从而取得合作作者身份。当然，在游戏策划过程中，如果策划工作不具备独创性，或者仅仅实施一些辅助性的、咨询性的或者提供相关工具条件的行为，则不属于创作行为，不能使相关人员获取合作作者身份。

（2）游戏设计人员。游戏设计主要负责美术（游戏环境、界面、角色、场景、道具、动作、色彩等）、音乐（背景音乐、音效）、动画（视频、特效等）以及在游戏中各种可识别的标记、符号等。以游戏人物的创作为例，其主要流程包括了原画创作、建模、材质、灯光及渲染、骨骼设定、动画、特效等部分；一个复杂的游戏人物设计过程所需要的工作人员可包括原画人员（根据游戏策划决定的角色基本信息来创作出原画形象素描稿）、2D人员（对原画素描稿进行完善并转化为游戏中的平面形象）、3D人员（对游戏中的平面形象进行三维渲染并添加动画特效等）。

不论是在法理层面、法律层面还是司法实践当中，游戏设计工作作为一种创作行为并未受到过质疑。首先，游戏设计工作经得起独立思维说、独创性劳动说和价值决定说的检验；其次，游戏设计工作与传统著作权作品的创作行为具有相似性，美术作品、音乐作品、电影作品的创作行为也同样涵盖着视觉、听觉和动态等方面的构思与表达；最后，也是由于上述原因，游戏设计者的创作者地位在国内外司法实践中已然得到确认。当然，如果在游戏设计过程中，相关行为不具有独创性，或者仅仅实施一些辅助性的、咨询性的或者提供相关工具条件的行为，则不属于创作行为，不能使相关人员获取合作作者身份。

（3）游戏编程人员。游戏编程是将游戏策划与游戏设计的成果进行写码，形成计算机程序的过程。游戏编程完成后将形成游戏程序，以实现所需要的游戏功能，展示预期的游戏画面和动态。相较于游戏设计工作而言，游戏编程并不仅仅是与传统著作权作品的创作行为具有相似性或符合创作行为的构成要件，而是直接创作了传统著作权作品。我国司法实践中也有案例将游戏编程人员认定为软件作品作者。当然，如果个案中的游戏编程行为不满足独创性标准，或者仅仅实施一些辅助性的、咨询性的或者提供相关工具条件的行为，则不属于创作行为[1]。

（三）网络游戏法人作者身份及构成要件

1. 法人作者身份的构成要件

与自然人作者不同，法人或其他组织的作者身份需依据法律规定的条件而获得，原因在于法人并不具有生物学上完全而真实的人格，而仅仅具有法律拟制的人格。法人或其他组织当然可以产生决议、采取行为，具有法律效力且产生法律后果，但这种决议和行为能否成为著作权法意义上的创作意图和创作行为，这一问题与大陆法系传统的著作权法理论是相冲突的。我国《民法典》第57条将法人描述为"具有民事权利能力和民事行为能力，依法独立享有民事权利和承担民事义务的组织"，并未明确回应法人意志和法人行为是否能够直接适用于《著作权法》；但结合我国民事法律主流理论和著作权法对作者人格之相关规定，可以认为我国采取的是"法人拟制说"，并未赋予法人与自然人完全相同的作者身份，而是在一定条件下将其视为作者，从而使其依法取得著作权权利。

针对法人作者身份的适格性问题，我国一方面引入了大陆法系团体作品的相关规定，建立了一般职务作品制度；另一方面，在当时的集体主义思潮和体制之下，文学、艺术和科学技术工作者大多数属于公职人员，以跟随着集体意志进行创作为工作职责。在此背景之下，又借鉴了英美法系

---

[1] 参见冯晓青、江锋涛主编：《知识产权法前沿问题研究》（第3卷），中国政法大学出版社2017年版，第116页。

的雇佣作品制度。因此，我国存在着法人作品与职务作品并存的双重立法模式。

就法人作品的作者身份构成要件而言，我国相关规定可见于《著作权法》第11条，认为法人或者其他组织主持、根据其意志进行创作并由其承担责任的作品，则法人或者其他组织可被视为作者。据此释义，法人作品的构成要件可解释为以下三个方面：首先，需由法人或者其他组织发起创作的提议，而不是由创作参与人自发进行；其次，该作品的目的、理念和成果形式、要求等须根据法人或者其他组织的意志来确定，一般需要经过董事会、法定代表人或行政负责人依法或者依章程确定；最后，该作品的创作、发表以及后续可能发生的法律纠纷等由法人或者其他组织承担，而不是由实际创作人负责。

就职务作品的作者身份构成要件而言，可区分为一般职务作品和特殊职务作品。一般职务作品的构成要件可理解为以下几个方面：首先，作品的创作者同法人或其他组织之间需具有特定的关系，一般认为是一种职务性的上下级关系（例如国家公务员同国家机关或者事业单位之间的法律关系）或者劳动雇佣关系；其次，该作品必须是创作者为了履行法人或其他组织所交予的任务或者职责而完成的结果，其创作行为同时也是工作行为；最后，该作品与其所在法人或其他组织的工作任务相符，完成的作品能为本单位正常业务所用。当然，自然人创作者须依据自己的意志创作该作品，而非依据单位意志，否则构成法人作品而非职务作品。而特殊职务作品的构成要件，通常可概括为如下两个方面：首先，该作品主要是利用法人或者其他组织的物质技术条件创作；其次，该作品是由法人或者其他组织承担责任。之所以对工程设计图、产品设计图、地图、计算机软件等作品进行列举，一方面是由于在当时的技术条件和社会经济环境下，上述作品的创作一般需要一定的物质技术基础，自然人难以提供；另一方面是由于创作出的作品一般需要由法人或其他组织投入生产使用，法律责任主体也应当是法人或者其他组织。

2. 网络游戏的法人作者身份的取得

（1）法人作品。在网络游戏产业已经较为成熟的今天，相当一部分网络游戏都是在游戏公司主导下的、游戏开发团队集体劳动的结晶。非产业语境下的传统文学艺术作品往往可以根据个人或者几个人的创作意志，由创作者自行创作完成，不需要在短时间内进行较多资金投入。但在产业语境下，与电影作品类似，网络游戏的自主开发往往需要更加复杂的流程和更专业化的分工合作，同时开发成本也更高，需要大量资金投入。比如，在网络游戏开发计划阶段中，一般先由专职的游戏开发团队进行创意策划并撰写草案，再针对游戏草案进行市场分析、客户需求分析、开发成本预估等，该创意草案通过公司评估核准后，方能投入后续制作。因此，只要是由游戏公司主持、根据其意志进行创作，并由其承担责任的网络游戏作品，是能够符合法人作品构成要件的，根据我国《著作权法》的相关规定，游戏公司可以获得作者身份。

（2）职务作品。网络游戏开发过程中可能产生一般职务作品。网络游戏开发过程中的地图、美术设计图、游戏软件等作品，只要其创作者与公司之间存在劳动雇佣关系，该作品是创作者为了履行工作任务而完成的结果，且该作品完成后与公司工作任务相符并为公司正常业务所用，均可以构成一般职务作品。但是，网络游戏的开发较难构成特殊职务作品。特殊职务作品的构成要件之一是主要利用了单位的物质技术条件——在科技发展的今天，一个或几个自然人独立创作网络游戏是可行的，并非必须借助单位的物质技术条件才能进行创作，所完成的作品也并不必须借助单位才能发表和使用。因此，特殊职务作品制度已经不再具备当时立法背景之下的适用条件，其构成要件在网络游戏开发中是较难满足的。

二、网络游戏的作者权归属模式选择

（一）作者中心体系下网络游戏的著作权归属

各国目前对网络游戏著作权作者身份没有专门法律规定，仅有少量司法判例。作为需要众多人员参与的综合性艺术作品，在创作人员方面，网络游戏策划、素材设计等创作人员的功能与电影创作过程中的导演，编剧，美工，音乐、服装设计人员等类似，游戏的编程过程则与电影的拍摄过程类似；从表现形式上看，随着玩家的操作，游戏人物在游戏场景中不断展开游戏剧情，所产生的游戏画面由图片、文字等多种内容集合而成，并随着玩家的不断操作而出现画面的连续变动，一系列有伴音或者无伴音的画面通过电脑进行传播，具有和电影作品相似的表现形式。因此，要研究网络游戏的著作权权属，从各国著作权权属基本模式、对视听作品等合作作品权属的相关规定以及网络游戏著作权权属相关判例中可以窥得一二。

1. 以原始著作权归属于创作人为原则

对于以作者为中心的著作权法国家（即作者权法国家）而言，作者意味着创作艺术、文学或者科学作品的自然人，知识财产最初的权利来自努力进行作品表达的创作行为[1]。因此，大陆法系普遍采取了以归属自然人作者为原则，以归属法人为例外的著作权归属模式。以德国、法国为代表，大陆法系国家普遍认为作者是创作作品的人，作者身份产生于创作的事实，强调除真正创作作品的人以外，其他任何人都不应当被称为作者[2]。在这样的理念之下，通常需要多个自然人合作完成的复杂作品就被视为合作作品，符合作者身份构成要件的参与者均被视为作者。

德国著作权法遵循"创作人原则"，即付出了独创性劳动投入的人为作者，且必须在个案中方能确定哪些参与者符合作者身份构成要件[3]。以与网络游戏最为类似的电影作品为例，德国著作权法没有直接规定谁是电影作品的作者，认为在电影作品的制作过程中发挥了独创性作用的参与者就是电影作品的作者，但是规定了作者身份的排除条件。因此，投资者

---

〔1〕 Obergfell, Eva Inès, "No need for harmonising film copyright in Europe?", The European Legal Forum, Issue 4-2003, p. 202.

〔2〕 参见《德国著作权法》第 7 条；《日本著作权法》第 2 条；《法国知识产权法典》第 L. 111-1 条；《巴西著作权法》第 11 条；《埃及著作权法》第 138 条。

〔3〕 [德] M. 雷炳德：《著作权法》，张恩民译，法律出版社 2005 年版，第 197 页。

并不能原始取得电影作品著作权[1]。法国著作权法不仅规定了成为作者的一般条件，也对作者进行了列举。根据《法国知识产权法典》第 L.113-7 条的规定，完成视听作品智力创作的一个或数个自然人为作者。譬如编剧者、对白作者、专门为视听作品创作的音乐或歌词作者及导演等均可以成为该视听作品的合作作者[2]。西班牙的电影作品著作权权属立法模式与法国类似，也将其视为合作作品，认为符合条件的导演或制片者、剧本和改编的作者、脚本或对白的作者、专门为作品创作的音乐或歌词的作者等都应当成为合作作者[3]。某些国家的立法模式虽然属于有限式列举模式，但在司法裁判和行业惯例中，事实上也承认立法列举以外的合作作者，例如，动画电影的作者可能包括动画角色的设计者[4]。

若依照此种权属模式，网络游戏的著作权首先应当归属其创作者，即对该游戏具有主观上的创作意图且作出原创性贡献的自然人，游戏公司并不能获得网络游戏作者身份，不能原始取得网络游戏著作权。在立法模式上，可以采取概括式对网络游戏作者身份进行一般规定，并进行开放式列举或者辅以否定条件。

2. 合作作者范围的划定：是否承认著作权双重归属

在符合作者身份构成要件的自然人参与者中，某些人的劳动成果也可能单独构成受著作权法保护的作品，他们应当被视为这些原材料作品的作者，还是网络游戏的合作作者呢？

首先，某些国家为了避免出现著作权双重归属的情形而将原材料作品的作者排除在合作作者之外。如德国著作权法就认为剧本作者不属于电影作品合作作者，因为剧本并非电影作品不可分割的原材料，而是事先存在的独立文字作品；电影与剧本之间属于演绎关系。一方面，根据演绎创作

---

〔1〕 ［德］M. 雷炳德：《著作权法》，张恩民译，法律出版社 2005 年版，第 198 页。

〔2〕 《法国知识产权法典》第 L.113.7 条。

〔3〕 《西班牙著作权法》第 87 条。

〔4〕 Vicenzo Sinisi, Cameron Mccracken, "Lagal Aspects of Cinematograph Film Production and Coproduction in ITALY", *U. Miami Y. B. Int'l Law*, 1991, VoL. 1, p. 68.

关系，剧本作者已经有资格从电影作品的利益分配中获得应有部分；另一方面，剧本作者已经自动获得了文字作品的著作权，没有必要再重复地将其认定为电影作品的合作作者，即避免了著作权双重归属的情形[1]。

其次，合作作品概念的限制也是原材料作品作者被排除在合作作者之外的原因。各国对于合作作品的概念界定主要包括两种情况：一种认为不论可分割使用与否均可构成合作作品；另一种则认为只有不可分割使用的才可称为合作作品。而在大陆法系国家，合作作品往往仅指"不可分割使用的合作作品"，也就是说，只有当创作者的成果不能从整体作品中被分割并单独使用时，才有必要赋予合作作者身份。

网络游戏的合作作者身份范围划定也需要考虑著作权双重归属问题。网络游戏作为众多人参与创作的综合性艺术作品，参与网络游戏开发并且符合作者身份一般构成要件的自然人并不一定都会成为该游戏作品的合作作者，还有可能成为网络游戏原材料作品的作者，并且因为具有此身份而无法成为游戏作品的合作作者[2]。也有德国学者（如 Henning·Bodewig）对此问题持不同见解，认为应当遵循"作品双重归属理论"，即使是事先存在的、独立的原材料作品，其作者也应当享有后续改编或演绎作品的合作作者身份[3]。

3. 以归属于游戏公司为例外

网络游戏作品属于创作参与者众多的作品。但是对于这类作品，绝大多数作者权法国家并无特别规定，判断这类作品的作者，与其他作品一样遵循创作者原则，即视听作品作者只能基于创作视听作品这一事实而产生。没有参与作品实际创作的人，无法成为作品的作者。在网络游戏作品的制作中，一般而言，游戏开发商是发起制作电影作品并承担责任的人。其职能是集合并运用技术、人力和金融的资源，并保证研发顺利完成，制定一些计划，承担经济活动及创新的困难和风险，并为解决困难和控制风

---

〔1〕 ［德］M. 雷炳德：《著作权法》，张恩民译，法律出版社 2005 年版，第 199 页。
〔2〕 ［德］M. 雷炳德：《著作权法》，张恩民译，法律出版社 2005 年版，第 177 页。
〔3〕 ［德］M. 雷炳德：《著作权法》，张恩民译，法律出版社 2005 年版，第 155 页。

险作出一系列的必要决定[1]。显然，这些经营管理工作并非著作权法意义上的创作行为，仅为创作行为提供资源保障而已。

但是，从历史上看，组织者或投资者（包括自然人与法人）也曾出现在以作者为中心的制度体系之下取得作者身份的情形。譬如作为著作权法代表国家之一的法国，也有一些判例考虑到电影制片者与导演和其他创作者之间有雇佣合同而将作者身份赋予了电影制片者[2]。与法国相似，德国在1965年著作权法、荷兰在1985年法律、丹麦和芬兰在现行著作权法颁布之前，都曾认为制片人是电影作品的作者。其理由十分相似：电影作品是由制片人组织发起，在其领导、监督下完成的，参与创作的各个作者的个人创作已融为一体，不可能就已完成的整体作品赋予他们中任何一人以单独的权利，这类作品属于集体作品，因此组织者和投资者应当获得作者身份。

因此，在传统大陆法系国家普遍采取作者权制度体系的情况下，创作的组织者或投资者依然有可能成为网络游戏的作者：一种情形是组织者属于自然人，同时也参与了视听作品创作，符合了创作者要件；另一种情形是该作者权法国家本身规定了职务作品制度或者已经引入版权法国家的雇佣作品制度，组织者和投资者依据这两种制度而原始取得网络游戏的著作权。

（二）作品中心体系下网络游戏的著作权归属

与作者权体系"真正创作作品的人为作者"的立法原则相比，版权法国家所秉持的"保护作品至上"和"便于作品使用"的价值取向显得更有效率——无论是在作者身份适格主体的数量上、还是著作权权属的立法模式上，都显得更加清晰。在此价值取向之下，版权法国家对于较为复杂的、需要大量参与者共同完成的作品的权属主要有以下两种立法模式：

---

[1] [法]洛朗·克勒通：《电影经济学》，刘云舟译，中国电影出版社2008年版，第85页。

[2] See Pascal Kamina, *Film Copyright in the European Union*, Cambridge University Press, 2001, p. 153.

1. 归属雇佣作者——游戏开发商

某些版权法国家在立法中并不涉及作品的创作者身份认定问题，而是通过雇佣作品制度来确定版权归属。美国和加拿大等国的版权法中并没有关于网络游戏作者身份确定的特别规定，而是直接规定了雇佣作品版权的归属。例如，美国版权法明确肯定了雇主的作者身份（employer authorship of works made for hire），依据美国 1976 年《版权法》第 201 条（b）的规定，雇佣作品的雇主可以被视为作者，因此，当网络游戏制作属于雇佣作品的情形时，游戏开发商可以凭借雇佣作品雇主的身份被视为作者。由于娱乐产业确实以雇佣创作模式为主，大多数网络游戏创作贡献人被视为雇佣作品中的雇员，因此在实践中绝大部分的网络游戏均能够符合雇佣作品的构成要件，由雇佣作者取得作品版权，而将自然人作者在版权法中的权利和义务简化在上述情形之中。

对于参与者较多的复杂作品，某些版权法国家甚至直接在立法中将其作者规定为组织者和投资者，认为对作品的创作具有绝对控制权的人是符合作者身份要件的，可以成为视听作品的独著作者（sole authorship）。游戏开发商作为最初决定进行网络游戏创作工作的人，对网络游戏的体裁和内容、制作与完成时间、工作人员的选择等问题均有着最终决定权。因此，游戏开发商对游戏的玩法类型、美术效果、音乐效果由选择到敲定的过程，就如同与自然人创作者一同参与了创作过程，推动了游戏顺利制作完成。如按这一思路，可以说网络游戏的作者（author）就是其制作者（maker）[1]。

2. 归属合作作者

随着网络游戏产业的发展以及科技的进步，游戏作品的艺术性愈加提高，创作过程愈加复杂，分工也逐渐细致，每一部分创作过程甚至形成不同的专业领域和职业划分。加之英美法系对作者精神权利的重视程度也在提高，因此，从艺术作品的角度而非从产业角度对网络游戏作品的创作者

---

〔1〕 See Peter Decherney, *Hollywood's Copyright Wars: from Edison to the internet*, Columbia University Press, 2012, p. 89.

身份进行考量也并非毫无可能。因此，导演的合作作者地位也在某些版权法国家得到了承认，导演与制片人被共同列为了电影作品的合作作者。

虽然版权法国家在版权权利归属上秉持便捷的原则，但即使是网络游戏等通常由雇主组织创作的作品，也存在着由数个自然人创作从而构成合作作品的可能。某些版权法国家虽然依靠雇佣作品制度来确认网络游戏的权属，但是，当作品不符合雇佣作品要件时，仍将其认定为合作作品，按照创作人原则来认定合作作者身份。以美国为例，美国版权法虽未明确规定网络游戏作品的作者身份，但规定了合作作品制度。在某些情形之下，网络游戏可能并不构成雇佣作品（例如仅仅是由几个自然人共同创作完成时），此时，与作者权体系类似，应当按照创作人原则来确定网络游戏的作者身份，作者范围可能包括编程、美术、策划、测试等方面的创作参与者。

某些版权国家即使明确规定了投资者或组织者为作者，但是在针对个案时依然存有例外。在英国，依据1988年《版权法》，电影作品是一种独立的作品类型，其作者应当是制片者或总导演。但有判例显示，在特定条件下，法官可以判定某一部电影符合"有情节的、有无对白和音乐，都可以在观众面前表演的作品"之定义，从而作为戏剧作品受到版权法保护[1]。而法律规定戏剧作品的作者应当是创作作品的人，除制片者、总导演、编剧、剪辑师、摄影师等参与人员以外，只要在作品创作过程中付出了独创性劳动，就有可能成为视听作品的作者。在此种情况下，网络游戏作品也可能被视为合作作品，其合作作者的范围如同作者权法国家一样，以是否从事独创性劳动为判断作者身份的前提条件。

总之，不论是以归属创作人为原则、归属法人为例外的作者权体系，还是以归属制作者为主、归属合作作者为辅的版权体系，通过合理的制度设计，都能够较好地确定网络游戏作品的权属问题。

（三）我国网络游戏作者权的归属

我国遵循创作人原则，认为真正创作作品的人是作者；同时又建立了

---

[1] Norowzian v Arks（No 2）[2000] FSR 363.

职务作品、法人作品和委托作品制度，由此电影作品等综合性艺术作品的著作权常常归属制作者和投资方。我国《著作权法》规定了导演、编剧、摄影、作曲、作词等作者均可以成为电影作品的作者，享有署名权和获得报酬权；并且剧本、音乐等能够分割的作品，可由该作者单独行使权利，但应当遵循与整体作品著作权人的约定。这样的规定承认了编剧和词曲作者对剧本和音乐的单独著作权，同时又赋予了他们电影作品合作作者的身份。可以看出，我国是承认著作权双重归属理论的。

若按照这一模式，网络游戏作品中的文字、美术、音乐、计算机软件等可以单独使用的作品的作者也可以成为网络游戏的合作作者，并可以单独地行使其可分割部分作品的著作权。

我国关于网络游戏著作权权属的司法判例也大致遵循了这样的模式，将网络游戏中可分割的作品视为原材料作品，将原材料作品的著作权权属与网络游戏整体作品的著作权权属区分开来。在杭州派娱科技有限公司（以下简称"派娱公司"）与上海幻萌网络科技有限公司（以下简称"幻萌公司"）对网络游戏《战舰少女》的著作权权属纠纷一案中，被告幻萌公司于2013年组成《战舰少女》手机游戏开发团队时，并未自行开发客户端程序，而是将客户端程序开发工作委托给第三人陆某。在游戏开发完成之后，2014年9月18日，幻萌公司对《战舰少女》手机游戏进行了计算机软件著作权登记。次年2月28日，幻萌公司与客户端实际开发人陆某补签了合作协议，约定《战舰少女》客户端源代码的所有权归属实际开发人陆某所有，但是，未经幻萌公司同意，陆某不得私自对此代码进行出售或毁损。随后，陆某将上述源代码赠与派娱公司，派娱公司得知合作协议内容后随即提起诉讼。原告派娱公司认为，涉案游戏计算机程序的创作者是陆某，因此自身通过接受陆某的赠与行为，已经取得相关代码的著作权（除人身权以外），遂提起确认之诉。法院在判决中认为涉案游戏程序系个人独立编写完成，因此认为该游戏程序的作者应当是程序编写者个人。法院还将涉案游戏客户端程序的著作权与该游戏整体的著作权这两个概念区分开来，认为不仅仅是客户端程序，游戏中的美术、音乐等作品也应当区分开来[1]。在本案中，网络游戏所包含的单个作品的作者，有权单独行使其可分割作品的著作权，但不应影响整个游戏作品的著作权，也应当遵守与游戏著作权人之间的约定。

那么，哪些作者应当被列为网络游戏的合作作者呢？结合作者身份产生的基本原理、著作权权利归属的基本原则以及我国著作权归属模式，可从以下几点进行分析：

首先，网络游戏所包含的那些可以分割并单独使用的作品的作者，应当成为网络游戏的合作作者，享有双重著作权。要考虑网络游戏中有哪些原材料可能符合著作权作品构成要件，能够成为独立的作品。计算机程序构成软件作品；文字、美术、音乐等元素也可能单独构成作品。还有一种观点认为网络游戏整体画面符合我国《著作权法》所规定的类电影作品，认为游戏运行后形成的一系列视听动态画面应当属于以类似摄制电影的方法所创作的作品。总之，按照我国现有的著作权归属模式，网络游戏中的文字、美术、音乐、视听等单独作品的作者同时也将成为网络游戏的合作作者。

其次，在网络游戏自主开发中付出了独创性劳动的人也应当成为网络游戏的合作作者，即使其劳动成果并不构成可以单独使用的作品，而是作为整体作品不可分割的一部分，包括游戏策划、游戏设计和游戏编程人员。我国著作权法认为合作作品不仅包括可以分割的合作作品，也包括不可分割的合作作品，不可分割的部分的作者也可能成为合作作者。我国著作权法将摄影人员列举为电影作品的合作作者也体现了这一点。当然，电影作品的摄影工作通常是由一个自然人完成的，而网络游戏所囊括的内容十分繁杂，与传统作品创作中的分工模式也不相同，但仍应遵循创作人原则，在具体情形中方可判定。

再次，通过职务作品、法人作品和委托作品等制度的适用，游戏开发商可以成为网络游戏的著作权人；通过合同约定的方式，游戏开发商从自

---

[1]　上海知识产权法院［2015］沪知民初字第633号民事判决书。

然人作者处获取著作权转让，或与游戏中单独作品的作者达成协议。在网络游戏自主开发中，游戏程序一般都是专门为此游戏创作的，旨在实现该游戏的各种运行规则和操作功能，承载的是整个游戏的创意，游戏程序虽由自然人编写完成，但是其体现的可能是法人或者其他组织的意志，可能符合法人作品的构成要件。另外，若将某一游戏程序复制或另行使用，事实上会构成整个游戏运行框架和玩法的复制，属于"私服"和"换皮"游戏的行为，构成游戏著作权侵权行为。因此，网络游戏合作作者行使其权利应当遵循与游戏整体著作权人的约定。

最后，必须注意的一个问题是，对于网络游戏的合作作者，当然包括专门为整体作品而创作作品的作者；但是，是否包括在整体作品创作开始之前就已存在的作品的作者？譬如，网络游戏中使用了他人早已创作完成的音乐、小说等作品，这些作品的作者是否应当属于网络游戏的合作作者？这就涉及网络游戏与已有作品之间的著作权权属关系问题。

三、网络游戏与已有作品的权属关系

已有作品（pre-existing works）来源于《伯尔尼公约》，即既存的作品，是指在本作品之前就已经创作完成的作品[1]。为了制作视听作品等综合性艺术作品，可能会使用某些已有作品；当已有作品在新作品创作过程中被使用之后，相对于新创作完成的作品而言，原作品就被称为已有作品。

根据创作目的和完成时间的不同，广义的已有作品概念不仅可以涵盖在新作品组织创作之前就已经存在的、并非为了新作品而专门创作的作品，也可以包括在新作品创作前期完成的、成为整体作品一部分的原材料作品——即使某些已有作品并非专为新作品而创作，也可能成为原材料作品。若在某些国家著作权法未作出区分的情形之下，严格地说，已有作品与原材料作品的概念外延是有交叉的。但是，两类作品所涉及的权属关系

---

〔1〕 参见《保护文学和艺术作品伯尔尼公约（1971年巴黎文本）指南》，刘波林译，中国人民大学出版社2002年版，第66页。

问题都是必要的论题。网络游戏与原材料作品之间的权属关系问题在上一节已有所涉及，特此说明。

（一）各国已有作品权属关系之规定

各国对于已有作品与新作品之间的权属关系的规定，除包括合作关系和演绎关系两种类型以外，还包括复制关系。

1. 合作关系

有些国家认为，当已有作品在新作品的创作中被使用之后，已有作品已经产生了新的意义，并且成了新作品的一部分，因此，已有作品的作者应当成为新作品的合作作者。这些国家均采纳了"双重著作权理论"，即新作品不仅为作者所享有，被使用的已有作品的原作者也享有新的作者身份。例如，《法国知识产权法典》第 L.113-7 条直接规定，受保护的已有作品被视为原作，而在其基础上创作的视听作品被视为新作，原作作者应被视为新作作者。《意大利著作权法》第 44 条明确规定，文字作品（如剧本、小说）、音乐作品的创作者属于电影作品的合作作者，并且不论这些原作品是否专门为新作品而创作。

2. 演绎关系

同样作为大陆法系国家，德国、日本则认为已有作品是新的作品进行再创作或者改编的基础，两者应当属于演绎关系。德国虽然遵循著作权归属创作人原则，但并未将原作品的作者认定为新作品的合作作者——譬如《德国著作权法》第 89 条列举了作者许可他人对自己作品进行改编时应当对哪些子权利进行授权[1]，这意味着德国著作权法认为网络游戏等综合性作品对原作品的利用不仅仅是对已有作品的一种复制，而是一种二次创作行为，不管是否对原作品的文字或形象等作品内容进行过改动，均不能将网络游戏创作行为认定为一种机械的复制，而是需要付出智力劳动的再创作过程。因为这种智力劳动的存在，网络游戏创作过程中对文字作品、音乐作品等已有作品的使用行为应当属于演绎行为，已有作品与新作品之

---

[1]　参见《德国著作权法》第 89 条第 1 款。

间应当是演绎关系而非合作关系[1]。根据雷炳德教授的进一步解释，已有作品既包括那些在进行再次创作之前就已经独立存在的作品，也包括那些专门为某个特定新作品而事先创作的作品，因此，网络游戏创作中所使用的小说、人物和音乐等均应当归类为演绎关系，不论这类作品是否专门为该游戏而事先创作[2]。

3. 复制关系

在某些国家，除明确将原作品的作者排除在新作品合作作者之外（即否定了合作关系），还进一步区分了原作品与新作品的权属关系类型，认为按照使用行为的性质的不同，可能构成演绎关系，也可能构成合作关系。譬如，日本将综合性新作品使用的原作品性质区分为原著作品和素材作品——也就是说，根据使用行为的性质的不同，如果将原作品（如剧本、小说等）当作"原著"来进行网络游戏作品创作，将其作为基础来进行网络游戏作品内容的创作发挥，那么原著剧本、小说等作品与网络游戏新作品之间应当属于演绎关系；如果网络游戏创作过程中仅仅只是将某些原作品当作组成素材，对原作品的使用方式是纯粹直接复制并作为网络游戏新作品的组成部分，那么这些组成素材与网络游戏新作品之间则不是演绎关系，而构成复制关系[3]。

（二）我国已有作品著作权权属关系类型

我国著作权法并未直接规定已有作品与新作品之间的权属关系何如，但从相关的著作权权属规定之中可以窥得一二，主要有以下三个方面：

首先，我国承认著作权双重归属理论，列举了编剧、导演、摄影、作词、作曲均可以成为电影作品的作者，并享有署名权和获得报酬权，并且剧本、音乐等能够分割的作品，可由该作者单独行使权利。我国著作权法并没有强调这些作品是不是专门为电影创作而创作的，因此，在符合条件的情况下，此条关于合作作者之规定能够涵盖并且适用于已有作品权属

---

[1] 参见［德］M. 雷炳德：《著作权法》，张恩民译，法律出版社 2005 年版，第 145~146 页。
[2] 参见［德］M. 雷炳德：《著作权法》，张恩民译，法律出版社 2005 年版，第 198 页。
[3] 参见张懿云、陈锦全：《视听著作权利保护之研究期末报告》，第 106~107 页。

问题。

其次，我国著作权法规定了著作权人对其作品享有复制权，认为以印刷、录像、录音、翻录、翻拍、复印等方式将作品制作出额外一份或多份的行为属于复制行为。这一规定对于复制行为的界定显然是非常狭义的，要求所复制作品的形态、载体均未改变。我国在《著作权法》第三次修改草案中已经提及将复制行为的概念从狭义扩大到广义，认为只要作品本身仍具有同一性，则不论其载体、形态之改变。我国司法实践中的相关判例也认可了从平面转变为立体及从立体转变为平面的复制方式，均构成著作权法所指的复制行为，代表性的案例有范某海、李某飞与北京市京沪不锈钢制品厂的不锈钢雕塑作品侵犯著作权纠纷案和白某成与北京稻香村食品有限责任公司的著作权权属侵权纠纷案〔1〕。因此，在我国著作权法框架之下，网络游戏等新作品对原作品的使用行为可能构成复制行为。

最后，我国《著作权法》第16条规定了演绎作品之一般条款，认为改编、汇编等行为均属于演绎行为。复制行为是对原作品的再现，无论是从平面转变为立体、从立体转变为平面，还是从无载体到有载体、从这一载体变为另一载体，其共同点是在原作再现过程中不增加任何创作的内容，作品保持了完全的同一性。而演绎行为是在原作品内容的基础之上进行再创作的行为，所派生出来的一个新作品虽能够保留原作品的思想与表达的基本内容，但在再次呈现的过程中加入了新作者的智力劳动。根据这一规定，网络游戏作品对于原作品的使用行为也可能构成演绎行为。

根据上述分析，在我国现有著作权法律框架之下，网络游戏等新作品与原作品之间可能构成合作关系，可能构成复制关系，也可能构成演绎关系。具体构成何种关系，取决于网络游戏作品对已有作品的使用方式和使用行为的性质。

（三）网络游戏对已有作品的使用行为性质及权属关系

已有作品与网络游戏之间权属关系的复杂性，来自使用行为的复杂

---

〔1〕　参见北京市第二中级人民法院［2002］二中民初字第8042号判决书、北京市东城区人民法院［2010］东民初字第2764号判决书。

性——因为，在网络游戏中使用已有作品，这种使用行为的性质并非绝对的、单一的，而且与传统作品相较而言更加复杂。

一方面，不同类型的已有作品在网络游戏中被使用的方式不一样。譬如，就音乐作品而言，网络游戏对其进行直接使用的行为更类似于单纯的复制行为，而难以被定性为演绎行为。日本著作权法就因这一考量而将音乐作品与其他已有作品区分确定使用行为性质及权属关系。又如，网络游戏对于某一动漫角色形象的使用方式一般也属于直接使用，但对于某文字作品中故事情节的使用行为则一般属于二次创作。

另一方面，网络游戏对已有作品的使用方式是多元化的，对于同一作品可以采取各种不同的使用方式。由于网络游戏中所包含的文字、美术、视听等元素比传统的视听作品更加零碎而具有综合性，网络游戏对已有作品的使用方式不仅可以是整体性的，也可以是碎片化的，可以是直接的，也可以是改编的，甚至可以是在不同文学艺术元素之间互相转化的。譬如，网络游戏对于某一武侠小说作品进行了使用，这个使用行为可能是直接使用了小说的作品标题、角色名称、台词等，可能使用了小说的背景故事或者具体剧情，可能将小说中某些人物制作成游戏角色，也可能将小说中通过文字描述的许多内容以各种形式呈现在网络游戏中。

因此，网络游戏对已有作品的使用行为性质是多样的，可能属于直接使用从而构成复制行为，也可能属于改编使用从而构成演绎行为。由于我国并未明确规定已有作品与网络游戏等新作品之间应当属于哪一种权属关系，因此应当根据网络游戏对已有作品的使用行为性质来确定其权属关系——根据具体情形的不同，可能构成复制关系，也可能构成演绎关系。下面举例说明：

1. 文字作品

网络游戏对文字作品的使用行为可能构成著作权法意义上的改编行为。网络游戏在运行动态中呈现给用户一系列可识别性的文字、标识、音效配乐、影像、特效等要素，这些要素的组合可能与已有文字作品原创性内容构成实质性相似。在 2017 年温某安诉玩蟹游戏公司侵害作品改编权一案中，法院将被告所开发的卡牌游戏《大掌门》中"神捕无情""神捕铁手""神捕冷血""神捕追命"的人物身份、性格、武功名称等信息介绍与原告所著《四大名捕》系列小说中的"无情""铁手""冷血""追命"四个武侠人物形象进行了对比，认为涉案游戏"通过游戏界面信息、卡牌人物特征、文字介绍和人物关系等，以卡牌类网络游戏的方式表达了温某安小说中的独创性武侠人物"，侵犯了原告小说中独创性著作权元素的改编权[1]。在金庸诉《六大门派》游戏一案中，被告游戏开发商在《六大门派》游戏中使用了来自《倚天屠龙记》《神雕侠侣》以及《射雕英雄传》文字作品中的一部分人物名字和人物关系的简单内容，如武当派张三丰等；但是，在《六大门派》游戏的整体故事脉络和具体情节设定方面，其中的内容并没有对以上文字作品的故事情节、人物关系推进等内容进行更进一步的使用，因此，法院认为涉案游戏并不足以构成对已有作品的改编[2]。

此外，网络游戏常常包含大段的或者一系列较为完整的文字，如背景故事、人物对白等。若这些文字是对已有文字作品的直接使用，也可能构成著作权法意义上的复制行为。

2. 美术作品

网络游戏对美术作品的使用行为可能构成著作权法意义上的改编行为。譬如上海游趣网络科技有限公司在开发《鬼吹灯》游戏之前，就寻求了《鬼吹灯》漫画出版方的授权，从其手中取得了《鬼吹灯》漫画的改编权授权，授权费为200万元。在获得授权之后，上海游趣网络科技有限公司在《鬼吹灯》的故事、人物等内容的基础之上创作了网络游戏《鬼吹灯OL》。但是，在游戏发布之后却收到了著作权侵权通知和应诉通知。原来，《鬼吹灯》漫画出版方并非著作权人，仅仅是版权被授权方，并没有权利对《鬼吹灯》原作进行改编权授权。法院认为，由于网络游戏的改编使用了原作品的内容，因此必须寻求原作品著作权人的授权。最终，上海游趣

---

[1]　参见天津市第二中级人民法院［2015］海民（知）初字第32202号民事判决书。

[2]　参见北京知识产权法院［2016］京73民终87号民事判决书。

网络科技有限公司从著作权人盛大游戏有限公司处获得了《鬼吹灯》的改编权授权，费用为450万元[1]。

当然，网络游戏对美术作品的使用行为可能构成著作权法意义上的复制行为，体现在网络游戏的角色形象、场景界面设计等元素中。网络游戏可通过数字扫描等方式将原本记载于有形载体的美术作品转化为数字格式；或者通过上传、下载等方式对数字载体的美术作品进行直接复制并用于游戏开发。显然，这属于复制权所涵盖的行为类型。

3. 音乐作品

网络游戏对音乐作品的使用行为一般应属于著作权法意义上的复制行为，可作为背景音乐或主题曲使用。2015年12月初，我国音乐艺术家许镜清发现，他创作并享有著作权的《西游记》电视剧中的《西游记序曲》和《猪八戒背媳妇》两首脍炙人口的音乐作品，在一个名为《新西游记》的网络游戏中原封不动地出现了，而游戏开发商并未向自己寻求授权，也未标明所使用的音乐作品的来源或署名。因此，许镜清将《新西游记》的游戏开发商北京蓝港在线科技有限公司诉至法院，原告的相关诉求获得了法院支持[2]。

4. 影视作品

网络游戏与影视作品之间可能互相构成著作权法上的演绎关系，在产业话语体系中被称为影游联动。自主研发的游戏只要拥有足量的内容支撑和市场关注度，完全具备改编为其他作品的可行性，游戏中的人物形象、背景故事、场景画面等元素为影视化提供了良好的基础，如电影《魔兽》在国内市场取得了极大的成功。由影视作品改编为游戏也是可行的，譬如《青丘狐传说》便被改编成了一款市场表现较为出色的移动端游戏。由于网络游戏与影视作品在虚拟性、文学艺术元素的包容性上具有一定的共通之处，网络游戏中的主题、情节、人物、场景、道具等均可以经由二次创

---

[1] 参见《上海游趣等公司被指涉嫌侵权》，载 http://www.chinairn.com/news/20150908/14385330.shtml，最后访问日期：2019年1月6日。

[2] 参见北京市石景山区人民法院 [2016] 京0107民初1812号判决书。

作体现在影视作品中，反之亦然。显然，网络游戏与影视作品之间的联动应当属于改编权的规制范畴。

第二节　网络游戏邻接权权利归属

一般认为，邻接权是指除作品的创作者之外，某些主体在传播过程中付出了与作品相关的、有价值的劳动，因而对其劳动成果享有的专有权利的总称，一般包括表演者权、录音录像制作者权、广播组织权、版式设计权以及其他权项。从邻接权权利客体方面来看，其所保护的劳动成果由于独创性程度较低，不满足著作权客体构成要件，尤其是在大陆法系国家，"那些建立在普通人能力基础上的成果"无法获得著作权保护，但又与作品价值实现、文化产品传播密切相关[1]。因此，邻接权又被定义为"不构成作品的特定文化产品的创造者对该文化产品所享有的专有权利"[2]。

网络游戏的邻接权人获取专有权利的正当性也可以用洛克的劳动理论来阐释——将劳动施加于某一资源之上，使其成为与其他资源相区别的独立客体，并对该客体享有权利。在智力成果不足以获取著作权保护，但作为文化产品又具有一定的价值时，以及在传播作品、实现作品艺术价值和市场价值的过程中，该主体也付出了智力劳动，所形成的那部分源于自身劳动所产生的增益，也应当由自己享有权利。因此，将增益部分与原作品区分开来，设置一项与著作权紧密联系的新的权利，以确保增益部分的劳动者能够获取与之相应的财产性利益回馈。洛克所强调的"应当允许他人使用劳动者的劳动成果"和"同时应当留出足够好的东西给其他人"的观点尤其能够解释设置邻接权的必要性：一方面，表演者、传播者和制作者有权理性地、勤勉地使用原作品，使用原作品的条件不应设置得过于严苛，门槛不宜过高，以平衡公众积累和私人财产之间的矛盾；另一方面，表演者、传播者和制作者付出的劳动是建立在原作品著作权人的劳动成果

---

[1]　[德] M. 雷炳德：《著作权法》，张恩民译，法律出版社 2005 年版，第 112~117 页。

[2]　王迁：《著作权法》，中国人民大学出版社 2015 年版，第 270 页。

基础之上的，因此，在行使权利时应当以原作品著作权人正当利益的实现为前提〔1〕。意志是自由的，但黑格尔同样也强调了意志的界限，认为"意志要成为意志，就得一般地限制自己"，即意志本身即受到自我的局限，这种固有的局限性是意志存在的实际状态〔2〕。按照黑格尔的理论，表演者、传播者、制作者的意志自由应当得到保障，通过邻接权的获取来使得其意志和人格获得定在。

网络游戏邻接权权利主体身份的获取也源于保护出资者利益的立法考虑。如果不对网络游戏的表演者、录制者和传播者的相关利益进行保护，会导致产业利益分配畸形，投资者无法收回投资，付出劳动者无法获得相应的回报，从而影响作品传播和社会文化发展；但若将网络游戏的表演者、录制者和传播者的劳动成果进行著作权保护，一方面逻辑上无法自圆其说，另一方面也将导致保护期间和保护水平过高，依然不能促进整个产业生态良性发展。因此，网络游戏著作邻接权的设置具有必要性和现实需求。

一、网络游戏配音演员的表演者权

网络游戏的配音工作通常比传统影视作品更加自由，更具表演性和创造性。传统影视作品一般拍摄完毕再进行配音，在整部作品大致都已成型的基础上，配音演员只需要尽可能地去满足作品的需求，匹配演员的表演。在演员表演已经完成的基础之上，影视作品的配音演员不需要对角色或台词进行更深层次的理解，而是需要纠正演员在表演中的声音瑕疵、声线尽可能地贴近演员本人、与演员的口型尽可能保持一致等。而游戏配音是为游戏中的一个虚拟角色进行配音。由于虚拟的游戏角色普遍有着一些特殊的设定，游戏配音往往更需要夸张化、戏剧化，音色、语调等更加天马行空，配音演员在配音时可以充分发挥自己想象力和创造力，对角色进行阐释和表演，通过声音表演赋活一个虚拟角色。

---

〔1〕 See The Two Treaties of Civil-Government Book Ⅱ. 2. 5 Chap. V. of Property, Section 33.

〔2〕 〔德〕黑格尔：《法哲学原理》，范扬、张企泰译，商务印书馆1961年版，第10页。

在网络游戏中，配音演员的表演同样是不可或缺的，对游戏作品的优劣有着重要影响。从质上看，配音演员出色的表演将大大增强角色的生动性，提升游戏角色以及整个作品所要表达的艺术性与体验感。这也是如今许多制作精良的游戏纷纷采用配音演员而非电脑配音的原因。从量上看，需要配音演员进行表演的台词并不稀少，在游戏过程中角色声音的出现频率也是极高的。譬如游戏《DOTA2》新开发的游戏角色"孙悟空"，其配音台词多达 1000 句，配音演员为我国《西游记》中的配音李世宏老师。又如游戏《英雄联盟》在中国、美国、韩国等各国服务器中均有不同语言的配音，游戏中有着 130 多个游戏角色，每个角色的独白均有 20 至 30 句不等，并将随着游戏更新而增多。

因此，网络游戏中的配音演员应当享有表演者权。按照我国著作权法，配音演员的表演者权应当包括表明表演者身份权、保护表演形象不受歪曲权、首次固定权、现场直播权、复制权、发行权和信息网络传播权等。

二、应当赋予特定玩家以表演者权

在网络游戏的著作权邻接权领域，目前争议较大的问题是游戏玩家是否应当享有表演者权。在 NBA v. Motorola 案中，美国法院对篮球运动员的打篮球行为的性质进行了如下分析："篮球运动员的目标在于赢得比赛，而并非为了创作艺术作品……尽管不同的运动员在赛场上的表现都不一样，每场比赛过程都是独一无二不会重复的，但是，运动员的表现只是基于赛场情况而作出的最优选择，是作为运动员的一种本能反应，而并没有创造性的表达在其中。"[1]

但网络游戏玩家与体育赛事选手的行为性质并不相同。首先，与体育赛事不同，网络游戏属于应受著作权保护的艺术作品范畴，游戏玩家即表演艺术作品的人。即使是在对抗性的电子竞技项目中，游戏选手的表演也

---

〔1〕　National Basketball Association v. Motorola, Inc., 105 F. 3d 841, 847 (2d Cir. 1997).

兼具一定的艺术性特征，并非仅具有实用性特征；在其他艺术性更强的游戏中则更甚。其次，不同于体育赛事需要耗费大量人力物力进行专门录制，网络游戏玩家的表演过程是极易被固定和传播的，游戏玩家尤其是职业玩家、知名游戏主播等的表演内容极易被任意公开和传播，如2017年韩国职业选手Faker的私下游戏过程被公开直播事件。玩家玩游戏的行为的特殊性质在于——玩家不仅仅是游戏作品的欣赏者，也是游戏作品的表演者。一方面，玩家玩游戏的行为是对游戏的第一性使用，就像阅读文字作品、影迷观赏电影作品一样；但是另一方面，这一行为与欣赏传统著作权作品的行为，有着前提上的区别——音乐、电影等作品本身就可以完整地展示出作品内容以供欣赏，而游戏需要玩家不断地操作以推进游戏进程，方能展示出游戏的作品内容供自己欣赏，或者供他人欣赏。

因此，游戏作品必须经过游戏玩家方能实现其艺术价值和市场价值，游戏玩家所付出的智力劳动在作品传播中具有一定的价值，尤其是高水平的玩家。譬如在一些电子竞技项目中，高水平玩家能够将精彩的操作、精妙的决策、个人与团队的战术配合等在对战过程中展现，对于其他游戏玩家和了解游戏规则的人有着观赏和学习价值。当然，并非所有玩家的游戏行为都能够受到表演者权的保护。一般而言，如果在表演中表演者投入了智力劳动，体现了人格特征和要素，其贡献可被识别，则应享有表演者权。但附带的、机械性的、毫无个性特征的背景表演者则不能享有表演者权。既然游戏玩家的专业表演能够产生商业价值，那么由此产生的利益应当通过合理机制回馈给玩家。玩家完成的表演性画面产生的商业价值是建立在游戏基础之上的增益价值，这部分价值的产生源自游戏玩家的智力劳动，这些表演性画面虽不足以构成著作权作品，但仍可将此部分的权益以表演者权的形式归于玩家。

此外，我国《著作权法》规定了"演出单位"可以成为表演者权的权利主体。在某些玩家数量众多、多人同时在线的网络游戏中，需要众多玩家才能启动和完成游戏。每一次游戏进程中的玩家行为随机性极大，且每一个玩家行为对于整个游戏动态的影响程度是不相同的，单个玩家操作行为的性质是难以确定的，但整个游戏过程确是由诸多玩家共同完成的，其表演具有集体性质，如游戏《绝地求生》。又如在《英雄联盟》电竞比赛中，参与者通常以队伍、俱乐部形式进行表演，每个电竞俱乐部均选派五名首发队员和两名替补队员参赛。在此情形之下，也可以通过法定或合同约定的方式将电竞队伍或俱乐部视为表演者权的权利主体。

游戏直播平台作为法人或组织，聚集了大批游戏主播专门进行表演，也可以成为表演者权的权利主体。在 2018 年 12 月的中国音乐著作权协会诉武汉斗鱼网络科技有限公司（以下简称"斗鱼公司"）著作权侵权案中，法院认为斗鱼直播平台上的网络主播未经权利人许可对其音乐作品进行播放、翻唱等行为，构成了对著作权权利人信息网络传播权的侵犯。虽然侵权行为是由主播做出，但基于斗鱼公司与主播之间的合同约定，主播的直播行为和直播成果所产生的知识产权、所有权及相关权益均归属斗鱼公司所有，斗鱼公司则应当承担相应的义务，对旗下主播的著作权侵权行为承担责任。可见，无论是从权利享有还是责任承担的层面，将直播平台视为表演者权的权利主体是兼具正当性和可行性的一种规制途径。

三、电竞赛事组织应享有录制者权

在实践中，电竞赛事节目制作者一般为电竞赛事组织者。就目前的电竞赛事视频内容来看，一般需要具备镜头语言、镜头导播、现场音乐、主持人、舞台设计、比赛解说等组成部分，主要目的在于烘托现场气氛、对比赛过程进行清楚播放、对比赛双方的战术和战况进行客观描述，将原本就精彩的比赛过程最大限度地挖掘和呈现出来。录制电竞赛事的行为所具有的独创性程度难以满足著作权法上的创作行为要件，但制作过程中仍凝结了摄影、解说、节目安排等具有一定程度独创性的智力劳动。电竞赛事节目视频虽难以构成著作权法意义上的作品，但电竞比赛中玩家完成的游戏画面是一次性的、较为单调的，对游戏过程进行录制等方式的固定并且辅以竞技氛围、专业解说等一同呈现，需要大量资金和人力投入，应当作为录音录像制品受到保护。作为投资者，节目制作方的权益也具有受保护的必要性。因此，电竞赛事节目制作方应当享有相应的录制者权。

第三节　玩家生成内容的著作权归属

要了解玩家生成内容的概念，首先要了解它的上位概念——用户生成内容（user-generated content）。在 Web2.0 环境下，人们利用网络的方式已经改变，网络不再是单向地向用户传递信息，而是为用户提供一个创建个人档案，并以个人名义生成并分享各种各样的个性化内容（如文字、照片、图画、视频、网页等）的平台。在网络技术能够实现并被允许的范围内，用户可以生成的内容可以是任何形式、任何格式的。因此，用户生成内容一般指由业余人士通过某种渠道制作的、包含一定创造性智力劳动的并发布在网络上公开可用的内容[1]。在网络环境和交互技术的作用之下，创作者数量激增，创作行为愈加碎片化，创作的智力成果也呈现出各种多变的动态样式。在此情形之下，著作权法的基本概念的适用性受到了挑战，产生了以下问题：在一个开放的平台或系统内，一个特定用户的行为是否能够构成创作行为？其生成的内容是否符合受著作权保护的客体要件？

从游戏诞生之初，设计者们就在试图构建一个开放的虚拟世界，玩家在游戏中的地位从过去的被动接受逐渐变为主动参与甚至修改、创作。游戏的开放性可以体现在玩家数量上——例如在 20 世纪 80 年代的第一个多人在线游戏《MUD》中，设计者的初衷便是让玩家们在游戏中探索和改变剧情，或者说，每一批玩家相互之间所发生的关系和产生的内容就是剧情和走向。游戏的开放性也可以体现在游戏规则方面——例如 1990 年的《LambdaMOO》游戏提供了许多工具可供玩家们自行改变游戏环境。在

---

〔1〕　Graham Vickery, Sacha Wunsch-Vincent, *Participative Web and User-Generated Content*: *Web 2.0*, *Wikis and Social Networking*, Organization for Economic Cooperation and Development（OECD）Paris, 2007.

"游戏 3.0"时代，一方面，设计者们将游戏的开放性和互动性特征变得更加显著，如《第二人生》中的地貌、建筑、日常用品等游戏内容从始至终都可由玩家自行设计和处理；另一方面，随着技术进步和知识普及，越来越多的用户可以自行对游戏的源码程序进行修改，和开发者一样按照自己的意愿来设计游戏内容。

广义地说，玩家生成内容包括网络游戏中由玩家而不是游戏设计方所生成的所有内容。这些内容来源于玩家，通过任意方式生成在游戏中，成为整个游戏进程的一部分。与网络空间中的用户生成内容一样，游戏中的玩家生成内容的形态可以是文字、图像、音频、动态视频甚至是程序代码，但均具有以下几个特征或要件：一是由玩家生成而非游戏开发者生成；二是保存到游戏中，成为游戏的组成部分；三是能够向此游戏中的其他玩家展示或共享。玩家利用游戏中各类视听材料制作而成的独立的衍生作品并不属于玩家生成内容，如以游戏内容为基础的小说、人物画作、视频等——这些应当属于著作权法意义上的演绎创作行为，即使用作品中的故事情节、人物形象等进行二次创作，所完成的作品是独立于原作品的一个新作品；而玩家生成内容是游戏的组成部分，并不独立于游戏而存在。

当我们讨论玩家生成内容的性质问题时，实质上是在讨论所生成的内容能否落入著作权客体保护范畴。玩家生成内容要落入著作权客体保护范畴，需要满足作品的形式要件与实质要件。玩家生成内容与游戏开发者生成内容一样，以游戏程序为载体，显然能够符合作品的形式要件。需要考量的主要问题是玩家生成内容是否能够符合作品的实质要件，即具有独创性。为了更加全面地研究玩家生成内容的著作权问题，以及便于后续分析，此处将玩家生成内容分为以下三种类型进行研究。

一、玩家生成"表演性"内容——不产生新的智力成果

第一种类型可被称为玩家生成的"表演性"内容，是指玩家根据游戏规则之规定，以及游戏进程中的一系列指示，通过"玩游戏"的行为所呈

现出的一系列视听动态。我国学者在研究中普遍称之为游戏整体画面或游戏临时呈现的内容。对游戏整体画面的著作权归属问题，我国学者亦有所讨论，我国学者普遍认为在游戏中，游戏画面的场景、人物形象和人物的各种姿势，都是程序预设的，玩家通过对游戏运行动态中各种信息的理解与把握，根据游戏规则引导进行操作，从而继续游戏而通关或达到胜负结果。从这些游戏中，用户只是通过个性化的操作选择，在游戏程序中事先设定好的各种可能性中选择出一种，转化为该局游戏的动态过程而已。此时，玩家所完成的画面仅仅是游戏作品运行后的常规画面，并不产生新的作品，其权属仍然归于游戏著作权人。我国学者对于"游戏整体画面"的著作权权属问题的讨论，适用于这一类型的玩家生成内容。

在此种类型中，玩家的行为不属于创作，并未产生新的著作权作品。在 2017 年引起广泛关注的《奇迹 MU》诉《奇迹神话》游戏著作权侵权案中，法院在判决书中对于玩家操作《奇迹 MU》的行为有所论述，认为游戏中的各类元素具有不同的功能和不同的位置，在不同玩家的操作之下，在不同时间发生各种变化，从而产生了涉案游戏的情节发展、战斗进程中的各种结果。但是，就涉案游戏本身而言，《奇迹 MU》属于大型角色扮演类的在线网络游戏，开发商在其中创作了大量固定的预设内容，供玩家进行体验，而并非鼓励玩家即兴发挥，也未提供任何工具或空间供玩家自由探索。不同玩家操作之后所呈现的动态可能略有差别，但其主体部分是相同的。这些各种不同的动态画面均是游戏开发商的既定程序中的事先设定，且其可能性空间十分有限，玩家不可能超出游戏开发商在程序中的预设而进行任何修改。况且，在涉案游戏十分有限的可能性设置之下，不同的玩家很有可能会选择同一个角色，使用同一个武器，学习同一个技能，以同样的路线和进程完成系统预设的任务，完全可能得出一模一样的动态过程，玩家操作空间十分有限。因此，法院认为根据《奇迹 MU》本身的框架设定和作品特性，该游戏中玩家的行为不可能构成创作行为，也没有生成新的作品。

但是，玩家行为也并非"不给作品的内容增添任何新东西"[1]，尤其是在操作空间比较大的游戏之中——譬如，在体育运动中，运动员的一些具有创造性的新招式并不能落入著作权保护范围，这些新招式事实上是一些具有创意的新玩法。如滑板运动的高水平玩家们乐于创造新的滑板招式（trick），并以自己的名字为新招式命名，再通过视频等方式进行展示和传播，任何滑板爱好者都可以学习进而复制此滑板招式。又如篮球、足球运动中新的带球动作、新的进球动作、新的传球方式等。当然，运动员们创造的新玩法属于"思想"的范畴，也并不具有保护的可行性，不能阻止他人通过获得此思想而对此新玩法进行复制。

在网络游戏中也是一样，即使是不具有独创性的玩家操作，也并非完全没有价值。即使只是将游戏中所预留的各种可能性加以实现，玩家所生成的游戏过程也是不同的。预留了可能性即意味着具有发挥空间，预留的可能性越多，可操作性越强，玩家所生成的游戏过程就越可能具有价值。这种达不到作品标准但又体现着一定创造力的内容，依然可能作为邻接权的客体而受到著作权法的保护，即表演者权。是否应当以及如何赋予特定玩家以表演者权这一问题，在第二节中已经有所论述。

二、玩家生成"添附性"内容——作为合作作者享有著作权

第二种类型可被称为玩家生成的"添附性"内容。"添附性"内容可以是玩家在游戏整体框架允许范围内，在玩游戏的过程中，通过游戏系统自带的或者外部工具生成个性化的新的游戏内容。此种类型的玩家生成内容需要游戏本身提供技术上的支持，允许玩家进行发挥创造。在一些开放性较高的游戏中，玩家可以用游戏系统中提供的工具进行设计并且在线共享，例如《Tide City》。又如《第二人生》，整个游戏就如同一个供玩家发布个性化内容的平台，玩家除通过"玩游戏"的行为直接对游戏中的素材进行组合从而生成内容以外，也可以通过系统中的工具生成新的视听素材，

---

〔1〕　欧修平等：《庖解中国网络游戏直播第一案：权利属性及责任归属》，载 http://www. sohu. com/a/34985492_ 223993，最后访问日期：2015 年 12 月 28 日。

并作为整个游戏的一部分固定下来。沙盒游戏《我的世界》（Minecraft）中甚至有着对玩家创造物进行展示的美术馆[1]。玩家生成的"添附性"内容也可能是通过系统外部的工具生成的新的程序代码，被上传至游戏中并成为游戏内容的一部分保存下来，如新的道具、形象、地图甚至游戏关卡。

当此种类型的玩家生成内容具有独创性时，能够满足作品的实质要件。玩家生成内容是依附于游戏而存在并实现其价值的，玩家生成内容的行为是一种类似于对游戏本身作品内容进行"添附"的创作行为。我国学者对此问题也有所觉察，认为"用户很有可能作为演绎者对游戏画面作出了独创性贡献"[2]。法国法院也认为，在交互式网络游戏中，那些在现有游戏中创作新的设定、角色、汽车等可为其他玩家所用的物品的人，可以成为其部分内容的作者。《第二人生》游戏的开发商更是以行动表达了这一态度，在游戏用户许可政策中明确承认和支持玩家对自己创作并上传的内容享有相应的知识产权[3]。

因此，按照"创作人原则"，此类玩家生成内容应当由玩家享有相应的著作权权利。但此种玩家生成内容的性质认定和权利归属问题的难点在于：玩家生成内容应当与游戏一同构成合作作品还是应当认定为演绎作品。在1998年的Micro Star v. Formgen Inc.案中，游戏开发者支持并提供渠道让用户自己为游戏《Duke Nukem 3D》创作新的额外关卡（add-on levels）或地图文件（map files），法院曾将游戏用户创作的此类作品认定为演绎作品[4]。但是，演绎作品一般而言是一个独立的新作品，从玩家生成"添附性"内容的意图和形式上看，均是对游戏原作品内容的丰富、扩展，与游戏本身结合在一起共同构成一个完整作品，将"添附性"玩家生成内容认定为合作作品似乎更为适宜。

---

〔1〕 See "Minecraft gallery", at http://minecraftgallery.com/.

〔2〕 崔国斌：《认真对待游戏著作权》，载《知识产权》2016年第2期。

〔3〕 "Linden Lab's Terms of Service", at http://www.lindenlab.com/tos.

〔4〕 Micro Star v. Formgen, Inc., 154 F. 3d 1107, 1113（1998）.

　　将"添附性"玩家生成内容认定为合作作品的理论障碍在于玩家和游戏开发者是否具有共同创作的意图。举个例子，某位作家写成了一篇文学作品，而这篇作品是有"留白的"，是填空式的。由不同的读者在阅读这篇作品时会自然而然地填充不同的内容进去，从而构成一部完整的作品。此时，这位作家将作品设计为这种形态就应当视为一种默示的意思表示，即许可读者在阅读该作品时对内容进行填补。从开发者角度而言，网络游戏开发者既然将游戏设计为高自由度的开放性世界，或以支持玩家生成新内容并上传或保存的方式赋予了玩家共同创作的空间，客观上提供了一个可供众多玩家共同创作的合作作品，因此可以推定此类游戏开发者默示许可了玩家在玩游戏时可以进行创作，因此具有共同创作的意图。

　　至于玩家方面，玩家在游戏中生成"添附性"内容自然是回应了游戏开发者这种共同创作的意图，因此，玩家是具有某种合作的意图，但这种合作意图是否能够属于共同创作的意图？有观点认为，玩家生成内容的行为表面上看似创作，但实际上不过是游戏进程所要求的，是一种为了完成游戏而发生的娱乐行为；即使生成了独创性内容，但玩家主观上不一定是出于创作目的，可能是游戏行为中的偶然产物。这种观点事实上将创作意图解读为了一种"为了创作而创作"的、目的性明确的主观心理状态，是对创作意图的曲解。在康德的"自由游戏"理论和席勒的"游戏冲动"理论中，艺术创作与游戏行为本质是相通的，甚至认为艺术来源于游戏，艺术创作本身就是一种游戏。不论是从主观意图上还是客观形式上，游戏行为与创作行为之间的界限本就不是泾渭分明。对于一位钢琴家而言，弹钢琴是发挥个性的、自由的，是一种音符的游戏。当他坐在钢琴前抚摸着琴键，在音乐中探索和游玩，经由审美、灵感和思维迸发而创作出一首新曲子时，他并不需要事先想着"我今天要创作一首新曲目"。

　　同样地，对于玩家生成内容的创作意图考量不应被"为了创作而创作"的市场化思维所禁锢，只要玩家意识到自己在这一游戏中能够生成由自我的想象力和思维力而外化的东西，并经由那种全神贯注、自由探索的过程，形成了具有独创性的内容，那么游戏玩家的这种"游戏冲动"就应当被视为具有创作意图，这种生成内容的行为事实上等同于创作行为。因此，玩家生成"添附性"内容的行为能够满足共同创作的要件，此类玩家生成内容只要符合独创性要件，即可认定为合作作品。

从权利分配和制度适用的角度来看，将玩家生成的"添附性"内容认定为合作作品来保护也是最为适宜的；玩家可以作为合作作者对自己生成的内容进行利用并且获取收益，对于其中可分割的部分，可以单独利用但同时不应侵犯游戏开发者的合法权利。但是，玩家和游戏开发者的创作行为是有先后顺序的，地位也并非完全平等而是由游戏开发者主导——譬如网络游戏停止运营就会导致玩家生成的"添附性"内容灭失。对于整个合作作品而言，游戏开发者与玩家之间各自的权益应当如何分配和保障，也是亟待研究的问题。对于游戏著作权人与玩家之间的权利冲突以及游戏开发者在用户协议中是否能够对玩家权利进行限制等问题，将在后文进行论述。

三、玩家生成"修改性"内容——作为演绎作者享有著作权

第三种类型可被称为玩家生成的"修改性"内容，是玩家不考虑游戏本身框架如何、规则允许与否，从程序代码上对游戏内容进行增加或者修改，生成新的游戏内容甚至新的游戏版本，又称游戏 MOD。游戏 MOD 可以增加或者修改内容包括场景地图、人物形象、服装、外貌、声音、音效、武器、工具等，也可以生成额外的新任务剧情。一般而言，制作游戏 MOD 首先需要获取游戏的源程序，通过对程序代码进行修改的方式，对游戏中各种元素进行重新编辑，大到游戏环境、游戏规则，小至数值、美术形象、音效等内容。对游戏内容进行修改的目的可以是满足自己作为玩家的审美需求和主观偏好；可以是发挥自己更好的创意对游戏进行完善和发展，增强娱乐性；甚至可以是在原本游戏的创意之上进行大规模修改，生成一个变种游戏。在此种类型中，玩家并非以"玩游戏"的方式参与游戏进程，而是以作者视角对游戏内容进行修改，这种行为显然比前述两种类型更易符合传统意义上的创作行为特征。

可见，游戏 MOD 是在保持原游戏作品基本表达的基础上，由一个或众多玩家进行修改、添加而完成的有形表达。若有足够的智力投入，形成了智力成果，则可能构成作品。游戏 MOD 首先是一个独立于原游戏作品的新作品，不属于合作作品；根据具体情况，游戏 MOD 的性质还需区分为构成演绎作品和构成汇编作品两种情形：

第一种情形，在通常状况下根据原游戏作品内容进行改编而形成的游戏 MOD，此类游戏 MOD 构成二次创作作品，能够符合我国现行《著作权法》对于演绎作品的规定，著作权应归属于游戏 MOD 创作者，且需要获得原游戏著作权人的许可。在 1998 年的 Micro Star v. FormGen Inc. 案中，游戏《Duke Nukem 3D》的著作权人 FormGen 公司提供了一套工具给玩家，在用户许可协议中鼓励玩家进行模组创作。被诉者 Micro Star 公司将玩家制作的一些关卡整合为一张光碟，并对这张光碟进行销售。FormGen 公司认为此行为构成著作权侵权，并诉至法院。Micro Star 公司认为，光碟中的游戏内容与原游戏内容并不相同，在文字、图像等各种要素方面都已经被多次替换过，已经不再涉及原版游戏作品中的著作权内容；但联邦第九巡回法庭没有支持被告的观点，认为尽管光碟中新的游戏关卡与原版游戏中的视听要素不同，但对整体架构、故事情节、游戏规则等方面进行了综合性的利用，因此应当属于原版游戏作品的演绎作品〔1〕。

第二种情形，若游戏 MOD 中的修改性内容不是来源于一次或一个玩家的创作行为，而是经历了众多玩家多次修改而形成；其过程中某些内容可能被部分覆盖或改变，整个游戏 MOD 属于多个作者"多次创作"而形成作品。针对这种创作者和创作行为数量众多的情形，加拿大法院曾将这些内容认定为"汇编作品"，如众多玩家在网络游戏主线剧情的基础上，使用外部工具对游戏进行修改或添加新角色、新剧情而逐渐形成的游戏 MOD。在这一类型的游戏 MOD 中，传统著作权制度的可行性受到了更大的挑战——从立法行为的角度，传统著作权制度倾向于对每一个独立而完

〔1〕　Micro Star v. FormGen Inc., 154. F. 3d 1107 (9th Cir. 1999).

整的、作者身份清晰的作品加以保护。如果一个应受保护的智力成果存在，且各个作者的贡献可以明确进行界分，则这个智力成果将会被认定为多个独立的作品，并分别归属于每一个作者。而游戏玩家生成的这些内容可能会被覆盖或再次修改，创作行为的性质和程度也极不稳定，追溯每一个零碎创作者身份的必要性和意义是否仍存在在理论上还有待讨论。当众多玩家与游戏开发商之间在游戏中形成这一交互创作模式时，要从游戏 MOD 中剥离出每一个玩家所创作的部分也将存在实践上的困难。

总的来说，玩家生成"修改性"内容可能作为演绎作者而享有著作权。不论是构成演绎作品还是汇编作品，在现有著作权制度下，制作一款游戏 MOD 都需要获得游戏著作权人许可。早在 2014 年，暴雪公司发现《星际争霸 2》游戏被另一公司制作游戏 MOD 并进行收费，认为这一行为构成了对《星际争霸 2》游戏著作权的侵犯，并向加州法院提起诉讼。面对互联网上海量的游戏 MOD，如果游戏开发商主张对游戏作品的著作权以严格的控制，往往会被互联网的交互性和开放性所吞噬，不仅难以实现所主张的控制权能，还限制了自身发展——许多时候，游戏 MOD 甚至比原游戏作品更受广大玩家欢迎，限制游戏 MOD 会导致游戏内容的固步自封，使游戏失去大批用户，甚至被淘汰。

因此，许多游戏开发商开始寻求开放共享的著作权新模式。譬如，某些游戏开发商选择将游戏本身设计为一个开放的平台式游戏，能够接受和容纳玩家生成的新游戏内容，并在用户许可协议中允许玩家对自己生成的内容享有占有、使用甚至收益的权利。譬如沙盒游戏《我的世界》没有任何剧情或是预设的内容，玩家可以在游戏中发挥创意，进行建设和破坏，通过对游戏中的元素方块进行积木般的各式组合或拆解，制作出居民房屋、大型城堡甚至一座新城市。又如，某些游戏著作权人选择放弃一部分传统著作财产权利，而推行开源共享的"著佐权"规则。某些游戏开发商开放游戏程序源代码，以支持玩家或其他制作者开发游戏 MOD，但是，获得许可的条件是需要将制作完成的游戏 MOD 在互联网上免费开放共享。

其他玩家基于这些游戏 MOD 又可以进行修改，制作新的游戏 MOD，继续免费共享。在这样的"著佐权"规则之下，游戏玩家能够充分发挥自己创作的主观能动性，游戏的用户黏性和乐趣增加，游戏开发商还从这些 MOD 中获取灵感对游戏进行改进更新，形成新的游戏版本，可谓双赢。

第六章

网络游戏著作权保护边界

　　网络游戏所体现出的著作权保护与限制的原则、规则、制度以及法律适用上的新的矛盾与需求，皆源于其作为著作权新型客体的性质。一方面，游戏著作权人与公众之间出现了诸多利益纠纷。"换皮"游戏、游戏外挂等新的侵害作品方式出现，但对于"换皮"游戏的性质认识以及侵权判定标准仍未够清晰，对游戏外挂的规制也并不全面。由于游戏作品使用和传播方式的特殊，游戏直播行为的性质与规制也是学界争议焦点。《梦幻西游2》直播侵权案作为中国游戏直播第一案，一审判决将涉案游戏直播行为认定为了著作权侵权，二审维持原判。另一方面，游戏开发商与众多玩家之间也存在诸多利益纠纷。其中与著作权相关的问题也常常体现在游戏最终用户许可协议（EULA）之中，包括开发商对游戏作品的控制权与玩家在游戏中享有的虚拟财产权利之间的冲突、开发商的游戏著作权与玩家对自己生成内容应当享有的权利之间的冲突等。在探寻解决这些问题的方案的时候，尤其需要对网络游戏作品性质的正确理解和全面把握，才能对侵权行为性质、侵权判定标准、合理使用判定标准以及玩家在游戏中的地位与权益保护进行正确分析，从而得出论证充分并具有一定说服力的结论。

第一节　网络游戏著作权侵权判别

　　一个新业态的产生和发展往往会带来新的法律适用问题。随着游戏行业的蓬勃发展，在数量上，网络游戏著作权侵权案件呈现爆发式增长；在性质上，网络游戏著作权侵权案件较以往而言愈加复杂。明确网络游戏的著作权侵权保护及判别标准，能够有力地保护原创游戏精品，同时保持良好的市场竞争和再创作氛围，有利于游戏产业的健康有序发展，进一步增强我国在全球游戏市场的竞争力。

一、"实质性相似"标准在游戏侵权中的适用

（一）实质性相似标准的内涵厘清

在作品侵权判定过程中，作品相似可以划分为初步相似（probative similarity）、显著性相似（striking similarity）和实质性相似（substantial similarity）三种程度。一般而言，初步相似可能是思想相似，也可能是内容表达相似，但这种相似意味着被告独立完成创作的可能性较小，而接触过原作品的可能性十分明显，从而有必要进一步考量抄袭行为是否存在[1]。显著性相似则代表着被告显然挪用或复制了原作品的内容，这些内容并不一定要求占有大量比例，而是明显指向抄袭行为——例如两部作品中的相同部分连错误都是相同的、存在一些非常规的特殊相似情形，这些情形可以高度盖然地排除独立创作、表达的雷同、巧合等情形，从而推定接触和抄袭的事实行为同时存在[2]。

但不论是初步相似还是显著性相似，都不足以最终判定著作权侵权行为的存在。一方面，两部作品中存在相似的内容可能是原作品中那些不受著作权法保护的内容，如属于公有领域的内容、仅属于思想的内容，或缺乏独创性的内容，或者因为其他原因而不构成实质性相似。另一方面，被告的举证可证明独立创作、在先创作或排除了接触原作品的可能，或者通过合理使用、著作权滥用等抗辩来证明自己的行为并不构成著作权侵权。

除对相关概念的区分以外，适用"实质性相似"标准进行游戏侵权判定还需要对网络游戏著作权客体性质的正确理解与把握。网络游戏是综合性的艺术作品，其中的视听元素具有传统的美术作品、音乐作品、视听作品的艺术性；同时又是新型的著作权作品，新的技术手段和创作手法使得

---

〔1〕　Arnstein v. Poter 154 F. 2d 464（2d Cir. 1946）.

〔2〕　Selle v. Gibb, 741 F. 2d 896（7th Cir. 1984）.

其作品内容包含了新的艺术性和独创性体现。因此，在进行网络游戏侵权判定时，应当正确认识其作为著作权客体的综合性和新特性，将游戏作品中的"实质"厘清，方能判定两部游戏作品是否"相似"。在判定过程中，还需要涉及判断主体的选择以及判断方法的选用。

（二）判断主体的选择

判断主体的选择决定了适用"实质性相似"标准的视角——在不同主体的眼中，两部作品的相似程度可能不同。就游戏侵权而言，实质性相似的判断主体一般可分为普通观察者（ordinary observer）、目标受众（intended audience）、更具辨别力（more discerning）三种——普通观察者应当包括那些并未玩过甚至未接触过任何游戏的人群，即游戏玩家以外的公众；目标受众是指游戏玩家或潜在的游戏玩家；更具辨别力者是指对于游戏特别熟悉和了解的专业性玩家或具有一定技术能力的游戏开发者。判断主体的选择事实上是视角、立场的选择，针对不同作品和不同侵权情形应当选择更为适格的判断主体。由于游戏作品性质复杂，针对涉案游戏的性质以及不同的侵权情形，以上三种判断主体都可能适用。

当涉案游戏的文字、美术、音乐、视听等文学艺术元素存在抄袭可能性时，应当从普通观察者的视角来进行实质性相似判定为宜。网络游戏中的人物形象、画面设计、任务剧情等内容是直观的、大众化的、显而易见的，当这些内容被复制或抄袭时，任何一个客观、理性的普通人看到都能够明白其中的相似程度，而并不需要具备任何与作品内容相关的专业知识。在1946年的 Arnstein v. Poter 案中，美国第二巡回法院法官明确了普通观察者对于作品侵权判定中的地位，认为在该案中判断侵权与否的标准"不是依靠训练有素的音乐人关于乐曲的评价进行分析或者比较……而是被告是否挪用了原作品中的大量普通外行观众喜欢的音乐"[1]。因此，当游戏作品内容从单纯的审美意义上被挪用、被复制时，从普通观察者的视角来进行实质性相似判定更为合适。

---

〔1〕 Arnstein v. Poter, 154 F2d 464 473（2d Cir. 1946）.

当涉案游戏中除文字、音乐、美术、剧情等以外的、专属于游戏的那些作品元素存在抄袭可能性时，以目标受众或更具辨别力者的视角来进行实质性相似判定较为合适，例如游戏玩法与规则的设计、游戏程序代码等。从内容角度分析，游戏玩法与规则设计、游戏程序代码等作品内容需要开发者在该领域较为熟悉了解或具有一定专业性知识的人方能进行辨别。从著作权保护范围的角度，在鉴别这些相似内容是否属于公有领域、是不是必要表达时，需要对游戏领域更为了解的专业性玩家或游戏开发者来进行。从市场角度分析，当游戏玩法与规则被抄袭时，将侵犯原游戏作品的目标市场，使得原游戏作品的潜在受众流失，因此由游戏作品的目标受众即玩家和潜在玩家来进行实质性相似判定是最恰当的。

在司法实践中，游戏侵权的几种判断主体视角并非互相矛盾的，在同一个案件中可以针对游戏作品中不同的内容分别选用适宜的判断主体视角。此外，即使是采取普通观察者视角对游戏的视听元素进行实质性相似判定时，也可以借助专业玩家的操作使得游戏内容完全展示出来，以便观察作品内容全貌。

（三）判断方法的运用

网络游戏属于新型综合性艺术作品，包含软件、文字、美术、视听等多种著作权元素，理论上，的确存在仅仅对其中的某一类元素进行抄袭的可能性，此时只需要对两部作品中的这一类著作权元素进行考量即可。但实践中的游戏抄袭情形往往更为复杂。当然，对涉案作品中的某一类著作权元素进行相似性对比是必要且可行的，对最终判定结果仍具有较大的参考作用。但网络游戏并不是各类传统著作权元素的简单相加，还包括许多新的内容，因此在进行实质性相似判定时不应对其进行机械划分而应将其视为一个独立而完整的作品。

判断作品是否构成实质性相似的方法中，最具代表性的是"内部—外部"检验法和"抽象—过滤—对比"三步检验法。两者均包括以下两个方面：一方面，对两部作品的相似性程度进行客观理性的判断；另一方面，要结合不同的判断主体视角采取不同的判断准则来确定作品是否构成著作权法意义上的实质性相似。但两种判断方法最大的区别在于："内部—外部"检验法是先进行事实判断，再进行法律判断——在进行外部检验时，思想的相似也属于作品相似，区分作品的思想与表达的目的并不是剔除作品中不受著作权保护的范围，而是将两部作品的思想部分和表达部分分别进行相似性对比，以考量两部作品的相似程度；在"抽象—过滤—对比"三步检验法中，无需先解决作品外部性相似问题，而倾向于直接进行法律判断，即先将作品中不受著作权保护的部分剔除，再进行相似性比较。

若采取"内部—外部"检验法，应先对游戏作品中的各部分内容进行分割并进行相似性对比，譬如将游戏的玩法部分、美术部分、声音部分、文字部分、程序部分等分别进行对比，且其中的思想与表达均可进行对比；再根据作品的相似程度，结合"思想—表达"二分法、独创性测试、公有领域保留原则等进行法律判断，最终得出结论。若采取"抽象—过滤—对比"三步检验法，应先对游戏作品进行从抽象到具体的分析，将整个作品的思想与表达层面分离出来——首先不区分游戏引擎或游戏资料库，也不区分游戏的代码形态或运行的视听形态，而是将其视为一个整体；其次结合法律规定进行过滤，即将不受著作权法保护的表达部分如一般场景表达、公有领域表达、有限性表达、事实性表达等去除，将应受保护的表达部分存留下来；最后再进行相似性的对比，从而得出结论。可见，两种检验方法对于游戏侵权案件的实质性相似判定都是必要且可行的。

值得一提的是，由于游戏作品的复杂性，不论采取这两种检验方法中的哪一种，在检验过程的具体步骤中，对于"分割法""整体感觉法""抽象概括法"这些小的检验方式的运用都是非常重要的。譬如"内部—外部"检验法是先对作品内容进行分割再进行比较，但对游戏作品分割后的各部分内容分别进行比较时，应当采取的方式各不相同——对于游戏中文字、剧情等思想与表达较容易分割的部分，可以继续采取分割的方式进行相似性对比；对于游戏中音乐、美术等思想与表达较难分割的部分，更适宜采取整体感觉法来确定复制行为是否存在；而针对游戏程序软件、游戏规则与玩法设计这些既难以分割思想与表达又难以完全依靠整体感觉进行判断的内容，除结合游戏用户在玩游戏时的整体感觉来判断相似性程度之外，还可以结合抽象概括法进行分析。

二、"思想—表达"二分法在游戏侵权中的运用

"换皮"游戏是指对一款游戏作品中的美术、音乐等视听元素进行替换而形成的另一款"新"游戏。经过"换皮"后形成的新游戏整体架构、游戏规则保持不变，与原游戏的性质和核心用户体验几乎完全相同。"换皮"行为实质上是对游戏规则与玩法的抄袭行为，这种"换皮"式的游戏开发过程时间快、成本低，在游戏行业内屡见不鲜。随着法学理论和法律实践中各方对游戏作品、游戏产业认识加深，司法实践中，对待游戏规则设计抄袭这一问题已经从"该不该保护"变为"该如何保护"[1]。我国"换皮"游戏的司法判例始于 2014 年的《炉石传说》诉《卧龙传说》游戏抄袭案，该案原告认为《炉石传说》游戏中"独创性最高、非常重要的卡牌和套牌的组合规则"遭被告抄袭，但法官认为游戏规则并不属于著作权法保护范围，因此，被告的行为并不属于抄袭行为，但仍构成不正当竞争；在 2016 年的《奇迹 MU》诉《奇迹神话》游戏著作权侵权案中，游戏规则的设计首次得到了著作权保护——法官将游戏整体画面认定为类电影作品，在此基础之上，将原游戏中的"等级限制""技能设计""装备属性"等游戏规则具体设计所表现出来的文字、动态等纳入了实质性相似的比对范围[2]。

要讨论游戏规则的设计，首先需要将游戏视为一个完整的作品，而非认为游戏的著作权内容仅仅包括文字、美术等单个传统作品；其次需要意识到游戏作为交互性新作品的特性，将游戏作品与单纯的视听作品区别开来。从整个游戏作品的创作过程和内容来看，游戏规则与玩法的设计通常

---

〔1〕《电子游戏中设计及规则知识产权保护的调研报告》，载《中国知识产权》2016 年第 12 期。

〔2〕参见上海市第一中级人民法院［2014］沪一中民五（知）初字第 22 号民事判决书、上海市浦东新区人民法院［2015］蒲民三（知）初字第 529 号民事判决书。

才是定义一款游戏的根本性设计，此时游戏规则与玩法的架构才是"锦"，是整个游戏作品的骨架和基础；故事或简介撰写、人物形象设计、游戏音效设计等元素则属于"锦上添花"，是后续的填充式创作，且易被更换。游戏规则的架构、游戏玩法的设计是开发过程的首要环节，游戏规则设计的自洽性决定着游戏是否"能玩"，游戏规则设计的创新性决定着游戏是否"好玩"，要开发一款新玩法的游戏，需要大量时间及足够多的创意。尤其是在一些益智类、竞技类游戏中，游戏规则的架构与设计是最困难的，而美术、音乐等设计是相对简单的。为了保持游戏的用户吸引力和市场竞争力，在游戏发布之后，开发商仍需不断更新游戏版本、增加游戏关卡、调整游戏规则等方式来保持游戏的持续运营和营收。

具备独创性是作品内容获得著作权法保护的最基本要件，游戏规则的设计同样如此。在不同的作品中，独创性可以表现为一定的创作高度或者作者凝聚在作品中的个性特征，同时也需要满足"额头出汗"原则。结合游戏规则设计的本身性质，具有独创性的游戏规则设计当中应当含有一定的增量要素，这些增量要素应当体现此款游戏的新特点，使得此款游戏的玩法与已有的游戏相区别。增量要素是在已知要素之外，创作者添加在作品中的新要素，这些增量要素能够反映游戏设计者的意志、愿望、技巧和创造能力[1]。游戏规则设计中增量要素，体现为游戏运行后所传达的一系列新的玩法机制或者机制的新组合。例如卡牌游戏《炉石传说》与集换式卡牌游戏始祖《万智牌》的基础规则设计即游戏理念是相同的，二者属于同一类型的游戏；但在具体规则设计如卡牌类别、套牌大小、战斗系统、持续效果等方面有着明显不同。要在既存要素的基础之上形成增量要素，并且使这些增量要素能够结合起来形成一套自洽的游戏规则设计，而非对游戏动态中的视听元素进行简单改动，创作者必然要付出相当程度的劳动，显然也符合了"额头出汗"的最低独创性标准。

在个案中，游戏规则与玩法设计当然可能具有独创性；但是，著作权

---

〔1〕 参见王坤：《论作品的独创性——以对作品概念的科学建构为分析起点》，载《知识产权》2014 年第 4 期。

法不保护思想，只保护思想的表达。游戏规则与玩法的设计贯穿游戏开发流程始终，同时综合体现在游戏运行动态之中，既包含了思想，又具有思想的表达形式。个案中的游戏规则与玩法设计想要受到保护还需要通过"思想—表达"二分法的检验。

（一）抽象概括法

汉德法官提出的"抽象概括法"是进行"思想—表达"二分法的最基本方法，而且在面对不同类型的作品时仍能够发挥极大的作用，尤其适用于网络游戏这一著作权新型客体[1]。确定游戏规则设计中的思想与表达之边界，应当将游戏规则设计中连贯性的具体表达信息不断地进行抽象概括。从最具体层面开始，随着这些表达信息被逐渐剥离，将会逐渐形成更加抽象的信息，而最终得出的信息也就是游戏规则设计的思想理念。在对于游戏规则设计进行抽象概括的过程中，存在着一个临界点，这一临界点即为思想与表达二分之界限，属于思想范畴的游戏规则设计便不应当受到保护，而属于表达范畴的游戏规则设计则应当受到保护。

结合游戏规则设计的相关原理，在进行抽象概括的过程中，各种游戏类型的游戏规则设计均包括以下三个层面：基础规则（operational rules）、具体规则（constitutive rules）和隐性规则（implicit rules/unwritten rules）[2]。

1. 基础设计

每一种类型的游戏均需要游戏规则的基础设计，例如射击类游戏规则的基础设计是"击中目标即为成功"，塔防（tower defense）类游戏规则的基础设计是"保护基地即为成功"。当然，除了上述两种类别的游戏，综合性大型网络游戏往往融合了多个种类的游戏规则，譬如《英雄联盟》属于多人在线战术竞技（MOBA）游戏，其中既包含了保护基地的基础规则设计，也包含了打怪升级、获得金币、购买装备进行对战等基础规则，这些规则也常见于大型多人在线角色扮演（MMORPG）游戏之中。

---

〔1〕　Nichols v. Universal Pictures Corporation，45 F. 2d 119 <at 121（2nd Cir. 1930）.

〔2〕　See Katie Salen，Eric Zimmerman，*Rules of Play*：*Game Design Fundamentals*，The MIT Press，2004，p. 35.

根据"思想—表达"二分法，游戏规则的基础设计因为属于一般思想理念而无法受到著作权保护。某一种游戏类型的开发者并没有权利阻止他人继续开发同一类型的游戏，譬如，集换式卡牌游戏始祖《万智牌》的开发商 Wizards of the Coast 公司也未阻止他人开发新的同类游戏，否则将造成游戏思想理念的垄断，不利于游戏行业创新和发展。

2. 具体设计

游戏规则的具体设计是指，围绕着基础设计理念而展开的、在游戏动态中通过各种视听元素来表达的、指引玩家游戏行为的一系列机制，决定了游戏给玩家行为预留的空间边界。随着游戏产业和技术飞速发展，游戏规则的具体设计已经可以达到非常复杂的程度，例如，卡牌游戏《炉石传说》在游戏一开始时要求玩家随机抽取和替换卡牌的规则设计、在对战过程中每个回合出牌是否有效的规则设计、卡牌的进攻和防御关系的规则设计，甚至每一张卡牌的属性及卡牌之间的克制关系等规则设计，都属于在游戏作品中客观表达的具体设计。

可见，游戏规则的具体设计独创性越高，表达方式越详细，则越有可能受到著作权法保护。游戏规则的具体设计必须精密且自洽，甚至可能具有较高的创造性，是开发者智力劳动成果的体现。在著名的《Meteors》与《Asteroids》的案件中，美国法院认为，原告游戏作品中包含了31处独创性作品内容，这些内容不仅包括了人物形象、动作等美术设计，也包括了游戏具体规则的设计。[1]

3. 隐性设计

游戏规则的隐性设计是游戏并没有直接地、强制地设定，但根据游戏规则的空间、留白或者映射，玩家想要完成游戏事实上需要如何去操作——这种操作所遵循的规则即为隐性规则，往往需要玩家逐渐地去理解、发现甚至主动形成。譬如在游戏《英雄联盟》里，游戏中直接的、强制的要求是双方队伍各自挑选角色进行 5v5 对战，并没有要求各方队伍进

---

[1] Atari, Inc. v. Amusement World, Inc., 547 F Supp. 222, 229 (D. Md. 1981).

行何种组合。但是，众多玩家在长期的游戏过程中自动形成了"四保一""双核""双打野"等多种角色搭配和战术体系，这些体系不仅在普通玩家的游戏对局中得到体现，职业选手在各类竞技赛事中也非常遵循，因此，这些角色搭配和战术体系已经成为该游戏的隐性规则。

游戏的隐性规则事实上是一种操作规则，是通过玩家在长期实战中自主地发现、理解而形成的，在游戏中没有直接表达，不属于著作权法保护范畴。一方面，某些隐性规则可能产生于玩家智慧，难以断言其是否属于开发商设计本意；另一方面，其虽来源于游戏，但在游戏内容中并没有具体的表达形式，不属于作品表达的一部分。

（二）合并原则及情景原则

根据合并原则，如果要表达某一思想，其设计的方式是极为有限的甚至是唯一的，那么这种有限的表达方式则应当同思想一样不可垄断。因此，在网络游戏的具体规则设计中，如果某一种思想与其表达形式无法拆分，那么这种设计也不应受到著作权保护。在网络游戏的具体规则设计中，常常出现有限表达和唯一表达，如塔防（tower defense）类游戏，为了实现"保护基地"的基础规则，则必然会设计出某些对基地的威胁，比如拆塔小兵；拆塔小兵想要到达基地则必然会经历一定的路线，因此任何塔防类游戏都避免不了地图元素的设计；还需要提供保护基地的防御性道具或击杀小兵的攻击性道具。上述这些机制是任何塔防类游戏均无法回避的设计方式，是塔防类游戏得以归类于此的原因，因此，这些必要表达的使用不能被视为抄袭。

根据情景原则，如果某种表达方式属于通用的、常见的、必要性的表达，那么这种表达方式也不应被垄断。在游戏产业的发展过程中，逐渐形成了许多各类游戏通用的设计，如"打怪""取得金币""升级""通过道具增加攻防属性""添加好友"等游戏规则设计的基本机制。早在《Galaxian》与《Galactic Invaders》游戏抄袭案中，美国法院就有过这样的论述，认为在对游戏作品进行侵权判定时，必须注意相似的表达并不一定属于实质性相似，而必须先对这种表达形式的性质进行分析，这将不可避免的表达和必要的表达排除在外〔1〕。

（三）公有领域排除

某些游戏规则设计或许具有具体的表达方式，但可能本身就属于公有领域。这在游戏产业中非常常见，尤其是模拟现实类游戏，如虚拟足球等运动类游戏、在线五子棋等棋牌类游戏，其中的运动规则和棋牌规则本身就来源于公有领域，不属于游戏开发者的创意。又如，在地图路线设计中，金字塔、巨石阵或者某一现实场景也常常被使用。再如，对战游戏中的水>火、土>水等规则设计也是来源于现实生活常识。另外，由于游戏发展早期并未形成产业化，存在着许多权属不明的孤儿游戏（abandonware video games）或者公开免费的游戏，这些游戏事实上已经成了公共产品；还有一些由于产生较早已经超出著作权保护期限的游戏，其游戏规则设计也早已被行业不断借鉴、发展并在此基础之上进行创新，这些规则设计也属于公有领域范畴。

三、保护作品完整权在游戏外挂侵权中的认定

游戏外挂是专为某一个网络游戏而设计的、供玩家在游戏时一同运行从而达到作弊效果的游戏辅助程序。游戏外挂一般可以分为脱机外挂、客户端类外挂和封包类外挂。脱机外挂，需要了解游戏客户端、服务器端程序的算法和机制，并使用到其中的源代码方能编写。客户端类外挂可通过直接修改游戏客户端程序的源代码，使得玩家能够完成游戏正常运行中本不存在的操作，例如游戏加速、"穿墙"等。封包类外挂能够截获并修改客户端和服务器端相互传递的数据，在两者中间通过"欺骗"的手段达到改变游戏进程的作弊效果。

除了以上三种常见类型的游戏外挂，广义上的游戏辅助程序还包括鼠标宏和键盘宏。通过动作模拟技术，宏这一程序可以模拟鼠标、键盘的输入，让计算机错误地检测到输入状态，因此，可以有限地代替玩家在游戏

---

〔1〕 Midway Mfg. co. v. Dirkschneider, 543 F. Supp. 466, 480（D. Neb. 1981）.

时对鼠标和键盘的操作，例如，只需点击鼠标一下即可生成双击、鼠标左右键连击等指令，或按下键盘某一个键即可完成连续按键、多键同按等效果。

我国理论界对游戏外挂的性质存在争议，司法实践中对游戏外挂的著作权法规制也存在空缺，原因在于对网络游戏作品性质的简单化处理——在游戏产业飞速发展和游戏侵权案件爆发式增长的这些年之前，我国理论界和司法实践往往将网络游戏简单地视为计算机软件作品，因此游戏外挂的著作权侵权问题自然而然成了计算机软件的著作权侵权问题。而软件作品的著作权保护模式已经不适应现实需求。而当时的软件作品大多是功能性的，因此导致了计算机软件被简单套用文字作品的模式进行解读和保护——譬如 SSO 规则认为，从计算机程序中代码编写的角度，其结构、顺序和组织就是计算程序的表达。在软件著作权侵权判定中，即使程序代码不同，但通过考察代码编写的结构、顺序和组织，则可能构成实质性相似[1]。对计算机软件采用文字作品的保护模式就必然得出这样的结论，即认为编写计算机软件的程序代码才是表达，程序运行过程中所体现的都是思想，而著作权人不能垄断思想。

在此逻辑之下，只有对程序代码进行了一定程度的复制或修改的游戏外挂才能构成软件著作权侵权，如服务器外挂和客户端外挂；而封包类外挂因为没有对游戏程序代码进行任何复制、修改而难以认定为著作权侵权行为。

（一）游戏著作权人应当享有保护作品完整权

保护作品完整权是为国际公约和各国立法所普遍确立的一项著作人身权。我国《著作权法》也明确规定了作者享有保护自己创作的作品不受歪曲、篡改的权利。虽然《计算机软件保护条例》并未明确规定软件作品享有保护作品完整权，但按照上位法之规定，软件著作权人不仅应当享有修改权、复制权等权利，也应当享有保护作品完整权这项著作人身权。

---

〔1〕 Jaslow Dental Laboratory, Inc. v Whelan Assocs., Inc., 479 US 1031（1987）.

我国并未明确规定软件作品著作权人享有保护作品完整权，原因在于计算机软件与著作权法意义上的文学艺术作品存在很大的区别。计算机软件是通过运算实现一定功能的程序，虽然其获得了著作权法的保护，软件作者也应享有相应的人身和财产权，但唯独不具备传统作品享有保护作品完整权的法哲学基础——对于计算机软件作品所表述和实现的实用性、技术性功能中如何能够反映作者人格，又或者计算机软件的功能被改变后作者是否将会遭受精神上的痛苦等问题，按照著作权法理论进行分析将会得出否定的结论。因此，《计算机软件保护条例》规定了软件作者的署名权、修改权、发表权，但并未规定保护作品完整权。

网络游戏虽以计算机程序为载体，但其作品内容和特点与传统功能性软件作品并不相同——不仅包含了各类传统文学艺术作品的元素，能够实现审美、情感等功能和体验；而且通过具有技术性和操作性的互动设计，能够增强这些文学艺术元素的功能，使得玩家获得更深刻的或者全新的体验。例如，为了配合精彩的剧情或情节，游戏开发者往往会给游戏设计第一人称的角色代入式玩法，即使是同样的剧情，我们在玩游戏时体验到的沉浸感会强于观看电影作品。网络游戏虽然具有计算机软件一样的操作性和一定程度的技术性，但是这些技术和操作的设计并非为了实用或技术进步，而是为了配合其中的文学艺术元素，促进和激发更深刻的或者全新的审美和情感体验。

因此，网络游戏的作品内容能够表达作者的思想、情感和性格特征，作者人格和精神利益可以反映在游戏作品之中。加上有着虚拟技术和互动技术的支持，网络游戏具有比传统作品更加不受限制的表达方式，作者能够在网络游戏中反映的思想、情感和观念可以达到比传统作品更加生动和广阔的程度。若游戏的数据、图像、情节、对战策略等被歪曲、篡改，导致游戏无法按照原来设计的方式进行，无法达到本该有的审美和情感体验，游戏开发者同样会感到精神上的痛苦。因此，网络游戏作者应当享有同传统文学艺术作品创作者同等的著作权人身权，尤其是保护作品完整权。

（二）网络游戏保护作品完整权的控制效力范围

若要采用保护作品完整权来规制游戏外挂，需要厘清的就是保护作品完整权的权利内容和边界，即保护作品完整权所控制的对作品"歪曲、篡改"行为的界定，决定了网络游戏保护作品完整权的控制效力范围。

首先，从行为方式上，保护作品完整权所控制的"歪曲、篡改"行为，除了包括对作品进行删减、割裂或改动等在作品表现形式上进行改变的行为，还应当包括以其他方式影响作品完整性的行为，如对作品进行附加、不当利用等。《俄罗斯联邦民法典》《法国知识产权法典》《巴西著作权法》《日本著作权法》以及《南非著作权法》均没有要求他人必须对作品进行修改，从而导致的作品歪曲、篡改，才能落入相应著作人身权的控制范围[1]。当然，对作品原样的破坏，极有可能导致对作者本意的破坏；但某些行为虽然在表现形式上完整地保留了原作品，但实质上也可能达到歪曲、篡改作品的效果。在夏某川诉北京市东区邮电局等著作权侵权纠纷案中，被告之一陕西日报社将原告的漫画作品作为文章配图使用，法院认为文章反映的主题与漫画主题不一致，使得该漫画失去了作者原本想要表达的内涵，因此构成了对原漫画的歪曲、篡改，侵犯了原作者的保护作品完整权[2]。可见，保护作品完整权所保护的并非仅仅是作品表达形式的完整，也包括作品实质上、思想上的完整和同一。

其次，在损害后果上，保护作品完整权所控制的"歪曲、篡改"行为一般来说是损害作品完整性、同一性的行为，但并不应仅限于此，还应当包括其他可能损害作品从而造成作者人格利益损害的行为。1928年的《伯尔尼公约》第6条第2款规定了作者"享有反对对作品进行任何歪曲或割裂或有损作者声誉等其他损害的权利"。《德国著作权与邻接权法》明确规定了保护作品完整权应当包括作者禁止他人对作品进行其他损害行为的内容[3]。

---

[1]　参见《十二国著作权法》，《十二国著作权法》翻译组译，清华大学出版社2011年版，第38、72~78、103、133~135、208、425~432页。

[2]　参见北京市朝阳区人民法院［2013］朝民初字第13387号民事判决书。

[3]　《德国著作权法（德国著作权与邻接权法）》，范长军译，知识产权出版社2013年版，第27页。

著作人身权保护的是作者的人格利益，但这种人格利益必须与作品有关，并且是沉淀在作品中的〔1〕。作为作者人格的反映和外化，作者在作品中注入自己的人格和特点，应当有权以自身意志来控制自己的作品。如果见到自己的作品被割裂、歪曲，作者会感到精神上的痛苦〔2〕。因此，保护作品完整权所保护的是作者在作品中反映的自身人格和本意不被歪曲，作者通过作品所表达出来的思想、观点不受损害。

网络游戏作品内容和思想体现在游戏运行的动态之中，包括游戏玩法、机制、规则、数据等所达到的平衡、自洽，也包括游戏中各种文学艺术元素的调动、组合。从玩家角度而言，就是游戏体验。要想达到游戏开发者所精心设计的游戏效果，必须维持本来的游戏环境，遵循游戏玩法和规则——这一切的实现需要依靠游戏程序的正常运行。游戏程序需要根据玩家的操作指令而作出正确的反应，调动游戏中的各类元素，生成正常的数据、动画等游戏效果，方能维持正常的游戏环境，而构成侵犯保护作品完整权的游戏外挂往往会破坏游戏开发者所精心设计的游戏环境。因此，所有影响和改变游戏正常运行的外挂程序均能够落入保护作品完整权的控制效力范围，而并不要求必须对游戏程序代码进行改动才能构成对此项著作权权利的侵权行为。

（三）游戏外挂的保护作品完整权侵权判定

网络游戏程序包括了玩家与主服务器之间相互交流的过程，认为其作品的思想仅仅是通过代码的文字性形式表达的这种观念之下的保护模式已经不再适用。对于游戏著作权人而言，其著作权保护应当延伸至游戏程序所构建的运行环境〔3〕。只要游戏外挂对原游戏作品的完整性和同一性造成了损害，使得游戏中所体现的作者思想、观念和意图被歪曲或篡改，使得作品无法体现其原貌或本意，则构成对游戏著作权人精神权利的侵害。

---

〔1〕 参见张今：《著作权法》（第2版），北京大学出版社2015年版，第75页。

〔2〕 See Marci Hamilton, "Art Speech", 49 *Vand. L. Rev.* 73 (1996). As cited in Henry Hansmann and Marina Santilli, "Authors' and Artists' Moral Rights：A comparative Legal and Economic Analysis", *The Journal of Legal Studies*, Vol. 26, No. 1 (January 1997), p. 102.

〔3〕 参见马俊驹、余延满：《民法原论》（第4版），法律出版社2010年版，第1001~1002页。

根据目的和功能的不同，以及对网络游戏的破坏性程度，此处将游戏外挂分为以下三种类型：

第一种是修改式外挂，一般包括服务器外挂和客户端外挂。顾名思义，修改式外挂直接对游戏程序代码进行改动，能立即为使用外挂的玩家获取游戏内的优势和利益，可以实现"穿墙"、透视、任意修改金币数额和道具数量等功能。修改式外挂打破了原先设定好的运算方式，破坏了游戏程序的正常运行，改变了原本平衡的游戏环境，极易使得游戏丧失其可玩性、趣味性、审美性，无法实现预设的功能和规则，从而使得游戏开发者的设计思想无法通过游戏运行传达出来，开发者所期望玩家感受的审美、情感体验无法实现。使用修改类外挂的游戏玩家不仅自己未遵守游戏规则，还会使得其他未作弊玩家的游戏体验变差，无法体会游戏本来的乐趣。因此，在网络游戏中，只要有此类外挂的存在，无论使用玩家的数量多少，都会对整个游戏环境造成破坏，丧失可玩性——例如在《绝地求生》中使用透视、自瞄（自动瞄准）、加速等外挂功能的玩家几乎有着压倒性的优势，处于"无敌"状态；一局游戏过程本来需要 30 分钟至 50 分钟方能决出优胜者，但外挂使用者几乎在 20 分钟内就可以结束游戏，取得优胜。此时，游戏开发者在游戏中表达的思想、观念、情感以及其他精神特质已被歪曲、篡改甚至抹去。如果此类外挂严重泛滥、游戏环境破坏程度过大，会使得游戏玩法和游戏体验几乎完全改变，此时的游戏已经不再是开发者所设计的原作品了。因此，修改式外挂不仅构成了对网络游戏计算机软件修改权的侵犯，也构成了对网络游戏保护作品完整权的侵犯。

第二种是作弊式游戏外挂，目前均为封包类外挂，需要较强的编程能力并运用 api hook 技术、winsock 技术编写而成。其作弊的原理是先截取封包、后修改、再转发，从而对游戏程序进行"欺骗"。作弊类外挂没有改动原有游戏程序的代码和运行机制，而是在符合游戏规则的情况下，采取"偷偷欺骗"的手段为玩家谋取游戏利益的辅助程序，可以发送指令来代替人为操作，比如 24 小时挂机（自动打怪升级）；也可以发送指令来达到人为操作无法达到的效果，比如超快速切换技能、同时进行多种操作等。

作弊式外挂为玩家带来利益的速度、数量和性质虽不及修改式外挂，也未直接改变游戏程序中所明确编写的玩法、机制和规则，但是，网络游戏是设计给玩家而非外挂程序操作的，由外挂程序来进行各种"超人"的操作会导致游戏玩法、机制和规则的平衡性和自洽性被破坏，但在个案中程度不一。以这样不恰当的方式来使用游戏作品，玩家的游戏体验与开发者试图呈现的并不相符；也可能构成对游戏作品内容和作者思想的歪曲——虽未从代码和数据上将游戏"改"成另外一个游戏，但从终端上将游戏"玩"成了另一个游戏。就目前网络游戏外挂的普遍现状而言，作弊式外挂一般也构成了对网络游戏保护作品完整权的侵犯，但应在个案中视具体情形和程度而定。

广义上的游戏辅助程序还包括第三种：宏。游戏玩家使用宏的目的在于简化或方便在鼠标和键盘上的操作，类似于给私人电脑外接了一个新的操作工具。并且，宏外挂往往并非仅针对一款或几款游戏，而是对所有需要在电脑上运行的 PC 端游戏均有效，因此，往往只能起到便捷操作的轻微效果，并不能使得游戏玩法、游戏体验发生实质性改变。这类外挂对于游戏进程没有欺骗性质，并不替代玩家操作，也未改变原游戏环境，一般不影响游戏平衡性。玩家仍需要进行正常的游戏决策、游戏操作，才可以获得完整的游戏体验，游戏中开发者的思想、观念、情感和其他人格特征能够传达给玩家。因此，在目前技术情况下，使用鼠标宏、键盘宏一般不侵犯网络游戏的保护作品完整权。

第二节　网络游戏著作权合理使用判别

网络游戏是技术进步所带来的新型智力成果，产生于新的创作方法，包含了新的作品内容，具有新的表达方式，呈现出新的作品形态，提供了新的作品使用和传播方式，也催生了新的下游产业——游戏直播。游戏直播行为的著作权合理使用判别成了司法实践和理论研究中的新问题。

在 2018 年 12 月北京互联网法院公开宣判的音乐著作权协会诉斗鱼直

播平台著作权侵权案中，法院认为直播平台未经许可而直播音乐作品，构成了对著作权人信息网络传播权的侵犯。与音乐作品一样，在我国司法实践中，网络游戏作为一个整体已经受到著作权法的保护——不论是将网络游戏整体画面视为类电影作品以提供整体性的保护，还是把直播认定为法律、行政法规所规定的其他作品予以保护。游戏直播涉及对游戏内容的披露，因此，游戏直播行为可能侵犯该游戏的发行权。此外，根据我国加入的《世界知识产权组织版权条约》（WIPO Copyright Treaty，WCT），我国《著作权法》规定的"应当由著作权人享有的其他权利"应当涵盖一项广义的向公众传播权[1]。因此，游戏直播行为可能侵犯游戏的传播权。那么随之而来的问题则是——游戏直播行为是否构成著作权法上的合理使用？

2017 年 11 月，广州知识产权法院一审判决华多公司对网易《梦幻西游 2》游戏的直播行为不构成合理使用，而属于著作权侵权行为[2]。此案引起了广泛关注与讨论，直至 2020 年底，该案二审宣判维持原判。与音乐著作权协会诉斗鱼直播平台著作权侵权案的判决结果不同的是，各方利益主体及学术界对游戏直播是否构成合理使用仍然各执己见、莫衷一是。我国学者运用"四因素"标准对游戏直播行为的合理使用适格性进行了分析，但结论各异，争议颇大。对于四项因素中的"使用目的和性质"（purpose and character of the use）、"对原作品使用的量与实质程度"（amount and substantiality of the portion taken）、"对原作品市场价值的影响"（effect upon work's value）三项因素，学者们普遍进行了较为细致的论述；但对于"被使用作品性质"（nature of the copyrighted work）这一因素的考量较欠缺——要么对此因素鲜有论及，要么仅认为该因素对合理使用判定结论影响很小。这就导致在游戏直播行为是否构成转换性使用、是否属于对原作品的实质性使用、是否影响原作品的市场价值等焦点问题上难以产生定论。

造成这一争议情形的原因即在于对"被使用作品性质"这一因素的蕴

---

〔1〕　参见王迁：《电子游戏直播的著作权问题研究》，载《电子知识产权》2016 年第 2 期。
〔2〕　参见广州知识产权法院［2015］粤知法著民初字第 16 号民事判决书。

涵与作用认知不足，从而导致论证不充分、不严密，无法得出具有说服力的结论。游戏直播行为的性质具有特殊性，不应一概而论。对游戏作品性质的不置可否，事实上是对游戏直播行为特殊性的忽略。

一、游戏合理使用判定中的"作品性质"因素剖析

首先，游戏具有交互性，游戏直播行为与传统的作品利用行为并不相同。游戏直播行为同时也是玩游戏的行为，仅仅观看一个游戏程序或其代码，并不能实现作品思想的传达；运行游戏程序，如果不进行操作，作品表达的过程也无法实现。只有在进行互动操作的同时，游戏的思想才能传达给用户，才能像文字作品、美术作品、电影作品一样被欣赏、被使用。这是网络游戏实现其艺术价值的必经之路，也是创作者的思想通过作品传达给大众的过程。这一过程对于传统作品而言是隐性的，因为对于文字作品、美术作品、电影作品的欣赏是被动接受的；而对于网络游戏而言，这一过程变成了显性的、可供展示的过程。游戏直播行为的本质是"玩游戏"的行为，这一行为可能具有表演性质甚至创作性质；但将自己玩游戏的过程在网络上公开传播，就必然导致游戏内容的一并传播。讨论游戏直播行为是否构成著作权侵权，事实上是在讨论游戏直播过程中对该游戏作品的使用和传播行为是否侵权。

其次，由于游戏属于综合性、虚拟性的综合性艺术作品，分类繁多、性质不一，导致对于游戏直播行为的判定更加复杂——因为直播不同于游戏，所使用和传播的可能是不同的文学艺术内容。网络游戏区别于传统著作权作品类型之最大特点在于其采取了不同于以往的创作方法来对各类文学艺术元素以全新的形式进行整合，通过电影制片技术、计算机软硬件技术及互动媒体技术实现了交互性、开放性、虚拟现实性的统一；其中既能够包含传统的文学艺术元素，也得以将传统艺术形式不具备的交互性元素固定下来。正因为此，直播一个偏向电影类的游戏，与直播一个偏向体育竞技类的游戏，两种直播行为性质若按照传统著作权规则来考量，可能完全不同。

因此，要合理使用"四因素"标准对游戏直播行为进行定性，首先不能回避"被使用作品性质"因素在判别过程中的重要地位，应当纳入考量并综合四项因素进行分析；其次应当对游戏作品性质进行深入分析，寻找其异于传统作品的各个方面相关属性。在此基础之上，方能对游戏直播行为的合理使用适格性进行充分辨析。鉴于游戏直播的对象广泛，此处对网络游戏仍然与前文一样采取广义定义，即认为其外延包括一切可以连接到互联网的交互式电子游戏。游戏作品性质的考量可包括以下方面：

第一，被使用的游戏作品的著作权元素属性。即该游戏主要包含或偏重何种著作权元素，这些元素属于或者更加类似于何种著作权法中的作品类型。不论网络游戏作为"著作权集合作品"或"类电影作品"还是新作品类型，不可否认的是——作为开放性综合艺术作品，网络游戏类型繁杂且性质不一，能够囊括各类著作权元素，其作品性质可能集中体现在不同的文学艺术方面。某些游戏或其动态画面的性质与电影作品极为相似，例如以人物关系和情节搭建为主的剧情向游戏《仙剑奇侠传》等；某些游戏的性质则更加类似美术作品，如以静态画面为主的《画中世界》等；而某些游戏虽包含一定的文学艺术元素，但其整体性质与体育项目更为相似，如竞技类、棋类、球类游戏。

第二，被使用的游戏作品独创性的高低以及独创性体现在何种方面。正如人物传记等纪实作品比科幻小说等虚构作品更易被合理使用——总的来说，模拟现实类游戏（如足球游戏、麻将游戏）应当比科幻类游戏更易被合理使用，因为后者相较于前者包含着更多独创性的著作权元素。此外，某些类型的游戏可能并不偏重文学和美术设计，而在游戏的玩法和规则上进行了创新，经过充分细化后亦可能构成独创性的表达。因此，游戏作品独创性可体现在诸多方面，包括背景画面、故事架构、人物形象、配音配乐以及游戏规则设计等，呈现为一系列可识别的标识、音效配乐、影像、特效等要素及要素组合，需根据个案情况进行具体衡量。

第三，被使用的游戏作品呈现画面与游戏过程的随机性程度。即该游戏经过玩家操作后呈现的视听画面与过程是唯一固定的，还是具有较大差异可能。某些游戏虽已预设了一定的文字、美术、音乐等元素，但其独创性集中体现在游戏规则和玩法的设计，每一局游戏所展现的游戏过程均不相同，如卡牌类游戏；一些竞技类游戏则给予玩家较大的操作空间，不同玩家操作的游戏过程和胜负结果差异极大；某些沙盒类游戏本身的游戏内容即具有可发展性，甚至允许玩家通过 MOD 工具对视听元素进行修改，此时玩家已经成为游戏画面的创作者之一，经玩家操作后呈现的游戏视听画面不确定性极大。

第四，被使用的游戏作品是否处于公众可以免费接触/自由获取（free-access）的范围内。具体到游戏作品而言，其是否处于免费接触范围内，与该游戏的可玩性、商业模式、产业发展的趋势等相关联。某些游戏的可玩性仅供"一次性"披露，其实现市场价值的方式一般为付费购买，如解密类、通关类游戏等；某些游戏则通过游戏后续内容对玩家的吸引力和用户黏性来实现市场价值，一般需要玩家进行充值方可持续使用；但某些类型的游戏具有反复多次的可玩性和挑战性，其一般可供公众免费下载和持续使用，其实现市场价值的方式在于吸收玩家数量以获得长线营利，如电竞类、消除类、卡牌类游戏等。

二、游戏合理使用"四因素"判定标准的运用

著作权合理使用的"四因素"判别标准来源于美国版权法，在世界各国司法实践中得到广泛适用，分别为"使用目的和性质"（purpose and character of the use）、"被使用作品性质"（nature of the copyrighted work）、"对原作品使用的量与实质程度"（amount and substantiality of the portion taken）、"对原作品市场价值的影响"（effect upon work's value）四项因素[1]。我国《著作权法》虽对合理使用采取列举式的立法模式，但最高人民法院在知识产权相关审判指导意见中对合理使用"四因素"标准的适用予以认可，

---

〔1〕 17 U. S. C. A § 107.

在我国司法实践中也已得到体现[1]。

（一）"四因素"标准的内在逻辑层次

合理使用的判定结论需由四项因素综合衡量而得出，缺一不可。在司法实践中，一个使用行为可能在某些考量因素上欠缺一定的合理性，但经过综合考量后仍可被认定为合理使用。可见，"四因素"标准的合理使用判别过程是一个综合的、动态的过程，四因素之间并非相互独立、分别衡量，而是相互关联、相互影响，从而得出合理使用的最终判定结论。并且，在合理使用判定中，四项因素发挥效用的过程并非分别衡量与简单求和，而是具有一定逻辑层次的。

在具体个案中，某一项因素可能对这一案件的判定结论的影响微乎其微，而在其他个案中却起着关键性的作用。譬如，图书馆、档案馆为陈列或者保存版本的需要而复制作品的行为即属于我国《著作权法》所列举的合理使用类型之一，从使用目的和性质、对原作品市场价值的影响两项因素考量，图书馆复制作品的行为均具有合理性，此时，使用原作品的量与实质程度这一因素并不影响最终的合理使用判定结论，无论该行为属于部分使用抑或全部使用。而在为评论、介绍目的而引用他人作品时，所引用原作品的量与实质程度这一因素则发挥了较大的效用，直接影响合理使用判定的最终结论。

也就是说，就一项特定的作品使用行为进行合理使用判定时，某项因素可能影响其他因素的衡量，进而对合理使用判定结果产生更大的影响，成为关键性的影响因素。譬如，引用他人作品时，使用行为的量与实质程度这一因素将会影响其他因素的衡量结果：首先，就使用行为的性质与目的来看，若引用部分过多将超出学术研究的正当范围，不具有合理性；其次，就对原作品的市场影响而言，引用部分过多将形成对原作品的市场侵占，亦缺乏合理性。因此，在判定引用行为是否构成合理使用时，使用行为的量与实质程度成了关键性的影响因素。

---

[1] 参见最高人民法院《关于充分发挥知识产权审判职能作用推动社会主义文化大发展大繁荣和促进经济自主协调发展若干问题的意见》第8条。

据此可见，在针对不同的使用行为进行合理使用判别时，适用"四因素"标准的逻辑进路是不同的。正是由于此，各项因素能够在个案中发挥不同效用，合理使用"四因素"标准方能具有长久的生命力，得以应对网络时代出现的著作权合理使用新问题。在合理使用的具体个案中，应当找出四因素中的关键性影响因素，并针对不同的使用行为选择相应的分析思路，方能得出具有说服力的结论。

（二）"被使用作品性质"因素的蕴含与作用

四项因素的内涵均具有包容性，而"被使用作品性质"因素是四因素中最为抽象且概括的一项。在面临游戏直播这一新的作品使用行为且使用行为的对象是网络游戏这一著作权属性复杂的新型智力成果所带来的问题时，"被使用作品性质"因素在进行著作权合理使用判定的过程中应进行细致和全面的考量，不可不论。在考量直播行为的性质与目的、直播行为的量与实质程度、直播行为对游戏市场价值的影响三项因素时，均无法回避被直播的游戏作品性质的问题，因此，"被使用作品性质"因素是游戏直播行为合理使用判定中的关键性影响因素。

在长期的司法实践中，"被使用作品性质"因素的内涵已经不仅包括了著作权法意义上的作品类型之分，也包括"是否公开发表""独创性的高低"等作品本身性质之别，还包括其他更加细致的考量，如该作品是否供公众免费获取和使用等。并且，"在分析这一因素时，立法者和法官无法创制一个合理使用的适当标准，而必须通过考察所有因素来评定其范围"[1]。因此，"被使用作品性质"因素所考量的具体内容并非固定不变，而是根据个案有所不同，且并不限于以上所列举之范围；其所考量内容的各个方面均影响着著作权合理使用判定的最终结果，是不可或缺的考量因素之一。"被使用作品性质"因素所考量的内容以及这些内容在合理使用判定中发挥的实际作用可具体体现为以下几个方面：

首先，在考量"被使用作品性质"因素时需充分考虑和区分该作品属

---

〔1〕 William F. Patray, *The Fair Use Privilege in Copyright Law*, 1986, p. 419.

于何种作品类型。根据"作品类型说"，使用不同的作品类型要构成合理使用需具备的条件是不同的。[1]这一点在各国著作权立法之中也能够得到印证，以英国《版权法》为例，除合理使用一般规定以外，对于不同作品类型能构成合理使用的情形进行了具体规定，对"printed works, broadcast copyright, sound recordings"（印刷作品、广播作品、录音作品）等进行合理使用应当满足的具体条件均不相同。[2]

其次，在同一作品类型中，具有某些性质的作品相较于其他作品而言，更加难以成为合理使用的对象。例如，在其他条件相同的情形下，对虚构作品（如科幻小说）的使用行为比纪实作品（如人物传记）更难构成合理使用，因为前者是独创性更高的文字作品；而相较于前两者而言独创性较低的时事性文章（如新闻报道）则更易成为合理使用的对象。又如，使用未公开发表的作品或死后出版的作品构成合理使用的条件相较于一般作品更加严格，[3]我国《著作权法》甚至将未公开发表的作品排除在合理使用对象范围之外。

最后，在判别合理使用行为的某些情形下，"被使用作品性质"因素甚至能够发挥一票否决的作用。最具代表性的立法例即为《英国版权法》第62条，该条规定对雕塑、建筑及工艺美术作品进行合理使用的前提条件是该作品必须"永久性地处于公共场合或向公众开放之场所中"，若该作品不具备这一性质，则任何使用行为均不构成合理使用。《英国版权法》第30条第2款"为时事报道之目的而合理使用一作品（不包括照片），在附加了充分说明的条件下不侵犯作品之任何版权"之规定也表明，"被使用作品性质"因素可能导致某一行为直接被排除在合理使用范围之外[4]。

（三）游戏直播行为合理使用判别的逻辑进路

经由上述分析可见，在游戏直播行为著作权合理使用行为的判别过程

---

〔1〕　Pierre N. Leval, "Toward A Fair Use Standard", *Harvard Law Review*, Vol. 103, 1990.

〔2〕　See U. K. Copyright law. Art. 2. Sec. 30~45.

〔3〕　L. Ray Patterson, Stanley W. Lindberg, *The Nature of Copyright: A Law of User's Right*, 1991, p. 203.

〔4〕　U. K. Copyright law. Art. 2. Sec. 30, cl. 2.

中，"被使用作品性质"因素是整个逻辑链条中不可或缺的一环，发挥着两个方面的不同作用。一方面是前置的、总体性的作用——"被使用作品性质"不同，将影响其他三项因素的考量结果，进而对合理使用判定的最终结果产生间接的影响；被使用作品的性质不同，某一使用行为的目的和性质、使用的实质程度、对原作品市场价值的影响显然不同。另一方面是直接的、决定性的作用——使用某些性质的作品更易或者更难构成合理使用，基于某些作品性质的考量甚至可能直接得出否定的结论；此时，其他三项因素尚未介入，合理使用的天平就已发生倾斜。因此，在游戏直播行为的著作权合理使用判别过程中，通过"四因素"标准得出合理使用判定结论的路径应当如下：

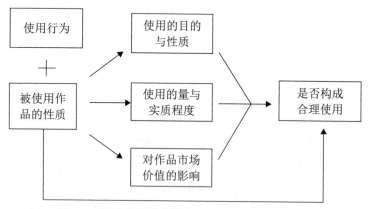

图6-1 游戏直播行为的合理使用"四因素"判别

在运用"四因素"标准对游戏直播行为进行分析时，争议问题主要集中在以下两点：其一，游戏直播行为是否属于"转换性使用"（transformative use）。持肯定观点的学者认为游戏直播行为的使用目的具有转换性，或游戏用户所传播的画面与游戏本身相比具有"一定的转换性"[1]。其二，游戏直播是否损害了游戏作品的市场价值；其他争议问题还包括游戏直播行为是否属于实质性（materially）使用等。目前普遍认为游戏直播市场不属

---

[1] 崔国斌：《认真对待游戏著作权》，载《知识产权》2016年第2期。

于游戏开发者合理预期的市场，且直播行为对游戏原有市场价值的影响较难判断。但若对游戏作品性质进行精细考量和区分，对以上争议问题将会得出不同的结论。

三、网络游戏直播行为的合理使用例证辨析

（一）游戏直播的合理使用"四因素"分析

上述游戏作品性质之区别，将对其他三项因素的考量结果产生影响，并导致游戏直播行为的实质性程度、是否构成转换性使用、是否影响原作品市场价值这三个争议问题的结论大相径庭，并导致游戏直播行为合理使用判定结果的不同。因此对于游戏直播是否构成合理使用的问题不能一概而论，在分析其他三项因素时，也应当将被使用的游戏作品性质纳入考量。

1. 使用目的和性质——是否构成"转换性使用"

"转换性使用"是在长期的司法实践中发展而来的概念，一般而言，如果一个使用行为构成"转换性使用"，则极有可能被认定为合理使用，而使用行为的目的和性质被认为是判断"转换性使用"的最重要影响因素。游戏直播行为是否属于转换性使用，可从以下两个方面分析：

首先，内容上的转换性。有学者认为游戏直播行为构成合理使用的原因之一是玩家操作完成的游戏画面具有一定的转换性——显然，对于性质与电影作品更加类似的游戏，或玩家完成后的画面具有唯一性或随机性较小的游戏，游戏直播行为难以构成"转换性使用"，因为在此类游戏中玩家仅需通过输入简单指令以推动游戏进行，任何玩家操作完成的画面几乎相同；而对于玩家操作空间越大、自由度越高的游戏，不同玩家操作完成的游戏画面差异则越大，以《绝地求生》为例，每一局游戏过程所呈现的内容取决于数十个玩家随机匹配以及临场表现，此时游戏直播行为则更易构成"转换性使用"。

其次，使用目的和功能上的转换性。通过增加新的使用目的或功能而

构成转换性使用的前提是"没有取代公众对原有作品的需求"[1]，如网页缩略图的使用。对于与电影作品较为类似的游戏，以及玩家操作后呈现的游戏画面具有唯一性的游戏，直播行为将会极大地取代公众对原作品的需求，公众通过观看直播即可获得完整的游戏体验。此时，游戏直播行为在使用目的和功能上并不具有转换性，而属于对游戏内容的实质性（materially）使用。对于规则与玩法复杂的游戏而言，直播的目的和功能并非在于展示游戏作品内容，而是偏向操作技巧展示，观看直播不会取代公众对原作品的需求，能够满足"转换性使用"的构成要件。

2. 使用的量与实质程度——是否属于实质性使用

使用部分占原作品的"量"的确是判断使用行为是否属于合理使用的一个直观的事实因素——譬如是否连续地、完整地使用了原作品的某一段文字、旋律或画面，或使用部分在原作品中所占的整体比例等。但是，该因素最终衡量的并非使用部分占原作品的"量"，而是"实质程度"——因为即使是对原作品大量地甚至全部地使用，仍可能构成合理使用；即使是对原作品少量地使用，仍可能不构成合理使用。在2015年的谷歌图书扫描案中，法院认为谷歌对图书进行全文扫描是建设在线图书馆必要范围内的、为达到搜索等目的所必需的行为，并结合其他因素考虑，认为谷歌的扫描行为具有转换性目的与功能，最终认定为合理使用[2]。又如在1985年的Publishers，Inc. v. Nation Enters案中，Nation公司未经许可，从作者500多页未发表的手稿中摘录了500字左右抢先发表，并进行了合理使用抗辩，但并未得到法院认可。

可见，使用行为的实质性程度才是该项因素最重要的考量内容。判断某一行为是否属于实质性使用，可从以下三个层面分析：首先，从被使用部分的性质来看，实质性使用应当是对原作品的独创性内容进行使用的行为，即使用了能够体现作者的艺术个性、设计意图以及使得该作品区别于其他作品的部分；其次，从使用行为的方式和后果来看，实质性使用将使

---

[1]　Kelly v. Arriba Soft Corp. , 336 F. 3d 811（9th Cir. 2003）.

[2]　Authors Guild v. Google, Inc. , No. 13-4829（2d Cir. 2015）.

得作品的独创性内容被较为完整地披露，原作者的创作意图或思想感情被公众较为完整地获知；最后，最为重要的是，实质性使用将会影响原作品的正常使用，会对原作品艺术价值、市场价值的实现带来影响。

区分游戏作品性质将对直播行为实质性程度的考量产生影响。作为可囊括各种文学艺术元素的作品，不同性质网络游戏的独创性高低以及体现方式不同，艺术价值和市场价值的具体实现方式也各有不同。显然，对于与电影作品、美术作品等类似的观赏性较强的游戏类型，以及经过玩家操作后呈现的视听画面与过程较为固定的游戏类型，游戏直播行为的实质性程度则较高——因为直播行为已经较为完整地传达了游戏的独创性内容，妨碍了该游戏艺术价值、市场价值的实现；反之，对于与体育项目更加类似的操作性较强的游戏类型，以及玩家自由度较高、每一局游戏过程均不相同的游戏类型，游戏直播行为的实质性程度则较低——因为上述游戏类型的艺术价值并非在于观赏，而是通过吸引玩家进行亲自操作以获取核心游戏体验，直播行为对于画面的披露并不影响原作品的正常使用，因此不构成实质性使用。

3. 对原作品市场价值的影响——是否形成市场替代

对于是否影响原作品市场价值这一因素，其判断标准是使用行为"是否对原著作权作品的正常市场形成市场替代"[1]。有学者认为，要判断游戏直播行为对原作品市场价值的影响，首先需考虑游戏直播市场与游戏原有市场的关系，即游戏直播市场是否属于游戏著作权人合理预期的市场或潜在相关市场。但事实上，对原作品市场价值的衡量，应当以原作品在其正常市场中所预期的作品价值为标准。针对游戏直播行为，所应当考量的是该行为是否侵占了游戏作品的原有市场，从而判断是否对该游戏作品市场价值造成了实质性损害。

游戏直播行为是否影响原作品的市场价值，首先需考虑被使用的游戏作品是否属于经玩家操作后呈现的画面具有唯一性的游戏或以观赏性为主

---

〔1〕　Happer & Row v. Nation Enterprises, 471 U. S. 539, 566–68 (1985).

而操作性极低的游戏。此类游戏一般具有唯一玩法，或以故事情节、画面美感等为卖点，且通常需要玩家一次性付费购买或者下载后持续充值。此类游戏的具体内容一经披露可能丧失可玩性，在观看直播后，公众对于游戏的购买欲望或下载欲望极易降低，从而侵占了游戏作品的正常市场，导致其难以实现预期的市场价值。

被使用的游戏作品是否属于公众可免费接触/自由获取（free-access）范围，对于"对作品潜在市场价值影响"因素的考量则有着更加不可忽视的影响。对于需要付费获取或持续充值的游戏，其游戏视听画面等内容并不处于公众可免费接触或获取的范围之内，而游戏直播行为必然涉及对其作品内容的披露，并侵占作品的正常市场，导致难以实现预期的市场价值。而对于本身可供公众免费下载并持续使用的游戏，游戏直播行为对于其内容的披露则不形成市场替代。

除对其他三项衡量因素产生影响外，被使用作品性质因素对合理使用判定结果也将产生直接的影响。一般认为，独创性越低的作品越容易成为合理使用的对象。美国经济分析法学派提出的"创造性破坏"（creative destruction）理论对合理使用制度也进行了异曲同工的阐释：如果某种使用行为带来的创造性大于原作品的创造性，那么社会整体的创造性并未被破坏，此种行为则更易于构成合理使用；反之，如果使用者对作品进行了复制且并未进行新的创作，那么此种行为不能构成合理使用[1]。

具体到游戏作品，对模拟现实类游戏如足球游戏、麻将游戏等的直播行为则更加容易构成合理使用。很显然，对于此类游戏画面的使用行为并不会造成创造性破坏，因为游戏规则本就来源于公有领域，游戏画面的可能性亦属于公众可预知的范围。反而，游戏直播行为可能带来更大的创造性，主播或解说往往对游戏本身有着不同的理解和诠释，能够在原作品基础上向公众提供新的视角、制造新的美感、传达新的信息——这正是合理使用制度为了社会整体利益而应当保护的行为。

---

〔1〕 See Raymond shih Ray Ku, "Consumes and Creative Destruction: Fair Use Beyond Market Failure", *BerkeleyTech. l. j*, 2014（2）.

（二）游戏直播的合理使用例证——兼评《梦幻西游 2》直播侵权案

判断一项作品使用行为是否适格于著作权合理使用，需结合个案具体情形并对"四因素"进行综合考量方能得出最终结论。但就游戏直播行为而言，对游戏作品的性质进行区分，在某种程度上能够起到一票否决或是一锤定音的作用——以某些类型游戏为使用对象的直播行为一般不构成合理使用，而以某些类型游戏为使用对象的直播行为更易甚至当然构成合理使用。例如一些较为典型的、理想化的情形：

（1）若直播的游戏为解密类游戏，直播行为不构成合理使用。解密类游戏通常含有唯一解密操作路径，如《纪念碑谷》。此类游戏直播行为的看点即在于展示解密操作方法，经用户操作后的游戏画面完全相同，因此，在使用目的和性质方面，解密类游戏直播行为均不具有转换性，应当属于对作品内容的实质性使用，直播行为对于游戏内容的披露将使得此类游戏丧失可玩性，并对潜在市场造成巨大影响，严重损害著作权人利益。因此，解密类游戏的直播行为难以构成合理使用。

（2）若直播的游戏为剧情类游戏，直播行为不构成合理使用。剧情类游戏内容必须具备完整的故事情节、配音配乐、人物形象等，并事先预设在游戏之中，用户通常只需输入简单指令，即可获得完全相同的视听体验，其整体动态画面能够构成类电影作品或视听作品。此类游戏的直播行为涉及对游戏故事情节、视听画面的披露，应属于对作品内容的实质性使用。加之此类游戏普遍需要玩家付费下载方可获取或持续充值方可使用，如果观众观看直播的视听体验与玩游戏获得的视听体验相同，将对游戏丧失付费购买欲望，导致游戏无法实现预期市场价值，甚至出现游戏直播大受欢迎但游戏著作权人持续亏损的情形，如游戏《That Dragon，Cancer》[1]。

（3）若直播的游戏为竞技类、策略类、模拟现实类游戏，直播行为构成合理使用。以上类型的游戏的一个特点是均以游戏规则设计为主，其核心玩法在于考验玩家操作，游戏性质与体育项目极为相似，如电竞项目

---

〔1〕 参见《关于直播变现 国内外平台都是怎么做的?》，载 http://www.gamers.com/703564.html，最后访问日期：2018 年 2 月 29 日。

《英雄联盟》及《Dota》。这些游戏直播行为的意图并非向公众传播游戏视听画面，而是技巧展示，如《Temple Run》；游戏随机性较大，不同玩家完成的游戏画面差异较大，甚至同一玩家每次完成的游戏画面和游戏过程亦难以相同，如《开心消消乐》。因此，就使用行为的目的和性质而言，以上游戏类型的直播行为均能够构成"转换性使用"。以上游戏一般不需要付费购买，已然处于公众能够自由获取的范围之内，其实现市场价值是依靠游戏的反复可玩性与用户黏性，而非一次性销售。因此，以上游戏类型的直播行为对于游戏正常市场不形成替代，不损害著作权人利益。

（4）若直播的游戏为沙盒类游戏，直播行为构成合理使用。沙盒类游戏的特点在于交互性强、自由度高、玩家操作的随机性与创造性空间大，具有更加持久的可玩性，玩家完成的画面具有更加明显的转换性。在某些沙盒游戏中，游戏作品开发时仅仅预设游戏整体架构和规则设计，而将"锦上添花"的视听元素的种种可能性交予广大玩家逐渐完成，游戏开发商并无法预见游戏画面将如何呈现、游戏进程将如何发展，如《第二人生》《我的世界》等；在另一些支持玩家原创内容的沙盒类游戏中，玩家甚至可以生成游戏中本不具有的人物、道具、地图，如游戏《Little Big Planet》中包含各种逻辑电路和电子系统，玩家可以按照自己的想法设计出一台全新的复杂机器。此类游戏直播行为显然能够构成"转换性使用"。加之此类游戏一般可供公众免费下载和持续使用，直播行为对游戏潜在市场价值亦不造成影响。因此，沙盒类游戏的直播行为能够构成合理使用。

事实上，各种游戏类型并不是完全相互排斥的，随着技术和行业的发展，各类游戏在不断融合，并在之前游戏理论、游戏创意的基础之上发展出新的类型。因此，除上述典型之外，游戏直播的实际情形往往更为复杂——直播所使用的游戏作品还包括其他更为复杂的类型以及多种类型相融合的综合性游戏。譬如在《梦幻西游》直播侵权案中，被告所直播的《梦幻西游2》即属于MMORPG类型，即大型多人在线角色扮演游戏。相较于前述典型游戏而言，在针对《梦幻西游2》游戏直播行为进行合理使用判定时，更需准确分析和把握其作品性质。

　　首先，《梦幻西游2》并非观赏性的剧情类游戏，而是角色扮演游戏，需要玩家亲自操作、代入角色方能获取核心游戏体验，游戏直播行为并未妨碍原作品的正常使用，不构成实质性使用；其次，《梦幻西游2》属于回合制的网络游戏，不同玩家操作游戏呈现的画面与过程具有较大随机性，游戏直播行为的转换性程度较高；最后，《梦幻西游2》属于大型多人在线角色扮演游戏，游戏包含数十个大区、上百个服务器，且有15个门派及角色可供选择，每一个玩家的游戏过程和游戏体验并不相同，通过玩家视角对游戏画面进行披露不会使其丧失可玩性和市场竞争力，游戏直播行为对游戏原有市场不形成市场替代。在《梦幻西游2》直播侵权案中，法院对含有一定预设任务情节且需后续充值方能使用的《梦幻西游2》给予类电影作品保护的做法具有一定的合理性；按照"四因素"判别标准，涉案游戏直播行为应当属于转换性使用且不损害游戏市场价值。

　　可见，若将上述（1）（2）情形或类型的游戏直播行为认定为合理使用，将导致产业利益分配机制畸形，游戏著作权人无法获得与其智力劳动成果价值相当的利益回馈，甚至无法收回创作成本，不符合著作权法激励创作的立法意图，也将导致著作权合理使用制度利益天平的失衡。而将上述（3）（4）情形或类型的游戏直播行为认定为合理使用，不会损害游戏著作权人利益或降低创作热情，也不影响原创游戏产业健康发展；同时可促进直播产业发展，保护产业背后所体现的公共利益，既达到了利益平衡的制度效果，也符合著作权法促进文化传播的立法意图。当然，随着技术进步与产业发展，游戏作品的内容与形式也将创新更迭，在衡量合理使用判别四因素时应当考虑的具体内容也不应局限于本书所举之列，还需结合个案具体情形方能得出最终结论。

　　仅仅依靠合理使用制度来试图对利益进行精确衡量与分配是极为困难的，尤其是在游戏直播行为的合理使用判定问题上，游戏著作权人、游戏直播平台、游戏玩家及直播用户之间并非完全对立，而是相互倚赖、相互促进的共生关系，各方利益事实上存在交叉。除适用合理使用制度外，对游戏直播行为进行法律规制的路径还包括其他著作权限制制度——强制许可与法定许可；或可探寻新的利益分配机制，譬如借鉴欧盟关于"链接税"的相关法理和立法概念，允许直播平台对游戏作品进行使用，但须向著作权人支付一定报酬，以促进游戏开发商、直播平台之间合作关系的形成。以上（1）（2）类型游戏的直播行为虽不属于合理使用范畴，但此类游戏普遍具有时效性，可考虑法定许可条款的制定与适用，允许直播平台在游戏首次发行一定周期后不经著作权人许可进行直播，但须支付报酬。由于直播行业发展迅速，在适当的情形下可以考虑强制许可制度的适用，允许直播平台对游戏作品进行使用，但须向著作权人支付一定报酬，以促进游戏开发商与直播平台之间合作关系的形成。如此，既能保障直播行业稳步发展，又可确保创作得到相应的利益回馈，达到双赢局面。

第三节　网络游戏著作权基本原则的适用

网络游戏著作权的权利人是游戏开发商，而接触和使用游戏作品最多的则是玩家群体。同其他计算机软件一样，网络游戏开发者或销售者也普遍采取最终用户许可协议（EULA）的形式来与数量庞大的玩家们建立关系。在游戏EULA中，通常会明确规定玩家与游戏服务提供者之间的权利义务，一般包括游戏内的行为准则及惩罚措施、对游戏账号的处理、对游戏内容的利用、知识产权的归属等内容。此种协议一般出现于游戏程序启动后或游戏登录前，玩家需要点击"阅读并同意"方可进入游戏，否则便不能进行下一步操作，游戏玩家和游戏服务提供者双方并没有协商可能性。显然，EULA是典型的格式合同。

根据合同法理论，与法律强制性规定相违背的条款应当是无效的，显失公平的条款是可撤销、可变更的；格式合同的内容效力则更加严格地受到公序良俗原则、诚实信用原则、禁止权利滥用原则等诸多法律原则的限制。游戏开发商往往希望通过EULA来实现自身利益的最大化，除保障自身作为游戏著作权人的权利之外，还试图更进一步实现对游戏世界的控制，包括严格限制甚至要求玩家放弃诸多权利，其中最具代表性的内容主要包括限制玩家对游戏账号的权利、限制玩家对游戏内容进行利用的权利以及限制玩家对自身生成的创造性内容的权利。通过权利用尽原则、创作人原则和公有领域保留原则，可以对这些问题进行分析，合理划定网络游戏著作权保护边界。

一、权利用尽原则对网络游戏著作权的限制

根据权利用尽原则，著作权人对于作品复制件享有的控制权在该特定复制件首次被销售后即为用尽。权利用尽原则又称首次销售原则或发行权一次用尽原则，是限制著作权人专有权利的一个重要原则。著作权人将其作品复制件投入市场并首次售出，或者以其他合法方式转移所有权之后，便丧失了对该特定复制件在市场流通中的控制权。该复制件的合法购买者可以将之转售、出租、出借或赠与他人。但是，网络游戏往往不是一次性销售产品，而是持续经营，具有平台性质。在下载游戏时，玩家或许需要支付费用；在后续的游戏过程中，玩家还可能在游戏内支付费用以购买道具、装备、皮肤、金币等。

而游戏开发商往往对游戏账号转让、出租进行限制。游戏账号是指玩家在首次登录游戏时申请注册而获得的游戏世界虚拟身份通行证，拥有一个游戏账号即意味着成为游戏世界内的一员。玩家须获得游戏账号才能获得游戏的使用权，才能使用游戏产品和享受游戏服务，玩家的等级、物品、好友等所有游戏进程和数据都将储存在该游戏账号中。对于是否允许玩家对自己的游戏账号进行交易、出租、借出等问题，各个游戏开发商态度不一。以腾讯公司为例，在《腾讯游戏许可及服务协议》中规定了玩家不得将游戏账号以任何方式提供给他人使用，包括但不限于转让、出租、借用等方式，否则，将视情形对玩家游戏账号采取警告、限制使用、封禁账号甚至删除账号及游戏数据等处罚措施[1]。

要判定游戏开发商的著作权控制效力是否能够及于玩家游戏账号的流

---

〔1〕 参见《腾讯游戏许可及服务协议》，载 https://game.qq.com/contract.shtml，最后访问日期：2019年1月4日。

转，需要厘清的游戏著作权效力边界问题在于：玩家作为游戏产品的市场用户获得账号以及账号内的虚拟物品之后，在该账号中的游戏发行权是否已经一次用尽。这就涉及游戏账号、游戏的发行行为和首次销售行为的性质等问题。

（一）游戏"发行行为"与游戏账号的关联：所有权的转移

发行权一次用尽原则的意义在于划分著作权人对抽象作品所享有的发行权与购买者对于所购之具体物品所享有的所有权之边界。信息网络传播权与发行权的分野在于权利的行使是否伴随所有权的转移，只要存在所有权的转移，那么该行为就应被定性为发行行为，从而受到权利用尽原则的限制。软件作品在网络市场上的投放模式只要符合发行行为要件，仍然应当根据权利用尽原则来划分其著作权人的发行权与购买者的所有权之边界。因此，关键问题在于，玩家获得游戏账号以及购买游戏道具等行为是否伴随着所有权的转移。

软件的提供者包括游戏开发商在内，往往通过最终用户许可协议来将软件的销售描述为一种软件服务提供行为。在这一逻辑之下，网络游戏开发商与游戏玩家之间似乎没有发生任何所有权的转移，而仅仅是提供了使用权，游戏虚拟财产因此应当属于开发商。这种观点将游戏虚拟财产的性质认定为类似于游戏本身而产生的"孳息"，因此应当归原权利人所有。但在 UsedSoft v. Oracle 案中，Oracle 公司通过网络进行一款工作软件的发售，用户在支付了相应价款并同意最终用户许可协议后，便可下载其所购买的软件至个人电脑进行永久使用。此款软件一经购买即可获得 25 名用户的使用资格（账号），超出了个人用户的使用需求。UsedSoft 公司从 Oracle 公司处购买软件后，便在自己网站上对这些多余的用户资格（账号）进行分散销售，每一个用户资格的单价自然较为低廉。Oracle 公司随即起诉 UsedSoft 公司著作权侵权。慕尼黑第一中级法院和高级法院均支持了原告的诉求，认为被告 UsedSoft 公司侵犯了原告的复制权[1]。但是，欧盟法

---

[1] CJEU, 3 Juillet 2012, UsedSoft v. Oracle, C128/11.

院再审时对案情进行了更加详尽的分析，认为 Oracle 公司将软件作品投入流通并且与用户签订许可协议的行为旨在使得用户在支付价款后能够永久地使用其软件，此种行为应当被视为一项完整的销售行为，销售后用户下载到个人电脑上的程序复制件时，所有权已经转移，此时 Oracle 公司所享有的发行权已经用尽。

可见，计算机软件的账号不仅意味着软件的使用权，只要软件正常运行便可登录使用；也意味着用户对该账号以及其中虚拟物品的所有权——具体到游戏软件也是一样。根据该案所确立的规则，游戏开发商对于游戏内的虚拟物品如道具、服装等显然是一种销售行为，旨在供玩家永久性使用，因此所有权应当归于玩家。不仅仅是玩家直接从运营商手中购买游戏虚拟物品的行为，也包括玩家在游戏程序中从其他玩家处购买游戏道具的行为，都属于平等主体之间按照市场规则支付合理对价的购买行为，因此所有权应当随之转移。

从所有权角度来看，玩家对于游戏虚拟财产权的获取应当属于一种特定范围内的继受取得，而这一特定范围则表现为玩家的个人游戏账号。游戏账号代表了玩家在游戏世界中的永久身份，游戏账号的存续也意味着玩家练习所获得的游戏等级、装备以及所购买的其他虚拟物品的存续。在游戏安装登入时以合法方式注册并支付合理对价的情形之下，玩家对自己获得的游戏账号以及账号内所获取的虚拟财产当然享有占有、使用、收益和处分的权利。游戏公司通过提供游戏下载、注册账号并进行营利的行为，实质上是针对游戏玩家的一种销售行为，这种销售的范围被局限于该玩家的账号范围内，玩家通过充值或打怪升级而打造出的游戏账号以及获得的虚拟物品，其所有权已经转移，因而此种模式应当属于发行行为，而非信息网络传播行为，应受到"权利用尽原则"的约束。

（二）游戏的"首次销售"与游戏账号之关联：永久许可即为销售

对于某些一次性付费的游戏产品而言，"下载"加"永久许可"即等同于该游戏产品的销售。如对于《植物大战僵尸》《Enigmo》等游戏而言，"首次销售"的概念似乎更加简单明了——因为针对一名市场用户，该游戏只能销售一次。这些游戏通过向玩家有偿提供游戏程序或游戏内容的方式，实现了首次销售，玩家付费下载游戏并注册账号的行为即意味着游戏的首次销售完成。对于某些内容有限的游戏例如《radiant defense》等塔防游戏，在闯关结束之后该游戏即结束。该类游戏除采取一次性付费的销售模式之外，可能会采取免费下载试玩但后续关卡需要充值的模式。此类游戏内容较短，不具有持续的可玩性，充值金额也较小，游戏账号也并不具有转售的价值。

更为复杂的销售模式主要出现在大型多人在线网络游戏之中，如《英雄联盟》《梦幻西游》等——通过要求玩家充值点卡或提供内嵌购买服务等方式来实现盈利。在这些网络游戏中，玩家并不需要支付任何费用即可下载游戏程序并注册游戏账号，但是这些游戏往往通过出售游戏点卡（即玩家需要充值一定金额方能获得一定的游戏时间）或者出售游戏内的虚拟物品（如皮肤、道具、饰品等）来获得营收。游戏账号的转售意味着账号本身以及账号内虚拟物品的一并转售——对于前者而言，使用越久的游戏账号等级越高，游戏进程更加深入，获得的游戏成果更多，那么这一游戏账号就越具有价值；后者亦然。

不管销售模式如何，玩家支付对价后所得到的游戏时间、服务、虚拟物品等都是在这一账号范围内的。而游戏账号则意味着账号内的所有资源、物品都是属于该玩家的。对于那些一次性付费下载的游戏而言，付费下载加上获得账号的行为一起构成了该游戏的首次销售；但是，在这些长久运营、持续营收的大型多人在线网络游戏中，游戏时间以及游戏内的消费是没有上限的，"首次销售"的概念不能适用于整个游戏作品，但却可以适用于该账号以及账号内所消费的虚拟物品。若在这一账号的所有数据信息和虚拟财产均是玩家通过合法手段并支付对价而获得的，那么，游戏著作权人对于这一账号及其中虚拟物品流转的控制效力便已经丧失。

（三）网络游戏著作权应受到权利用尽原则的限制

通过赋予玩家游戏账号以及账号内物品所有权的方式，网络游戏实现了发行和销售行为。网络游戏虽然将赋予玩家账号的性质界定为"许可使用"和"提供服务",或采用一次性付费、充值点卡和内嵌购买等多种盈利方式,但都不能掩盖其构成发行行为和首次销售的本质。

根据我国《民法典》第497条之规定,格式合同提供方在合同中拟定的加重对方所负义务或所承担责任的条款是无效的。因此,在揭开"许可"面纱之后,即使游戏开发商在最终用户许可协议中规定玩家账号"不得转让"的条款,也并不具有对抗权利用尽原则之效力。在 UsedSoft v. Oracle 案中,原告提供的最终用户协议虽然明确规定了用户对于软件享有永久使用权是不可让渡的,但根据欧盟法院的回复,慕尼黑法院并未认可这一条款的效力,而是基于权利用尽原则,认为该软件后续用户资格(账号)的买卖行为已经超出了著作权控制效力范围。根据权利用尽原则,游戏开发商无权限制玩家游戏账号的正常流转[1]。

譬如2007年,美国宾夕法尼亚州的玩家 Marc Bragg 曾因为账号被禁而起诉《第二人生》的游戏开发商林登实验室公司。该玩家在游戏《第二人生》中以300美元的低价买到了价值1000美元的虚拟土地,游戏开发商认为此种游戏行为违反了最终用户许可协议中的玩家行为守则条款,破坏了游戏平衡性,而将其账号禁用,Marc Bragg 随即将林登实验室公司诉至法院,认为自己的虚拟财产权遭到了侵犯[2]。该案以和解告终,游戏开发商恢复了 Marc Bragg 的游戏账号。可见,玩家对自己游戏账号的支配权应当得到保障。当然,如果玩家行为损害了游戏平衡性、可玩性,违反了诚实信用原则,侵犯了游戏著作权人的保护作品完整权等权利时,游戏开发商可要求玩家停止类似行为或采取一定的限制和惩罚措施来进行私力救济。

二、创作人原则对游戏许可协议效力的约束

根据文章第五章第三节的分析,与游戏相关的玩家创造内容大致可分为以下两类:第一种类型可被称为玩家生成的"添附性"内容。"添附性"

---

[1] BGH. Urteil v. 20. 07. 2013, Az. I ZR 129/08 Usedsoft Ⅱ.
[2] See Bragg v. Linden Research, Inc. , 487 F. Supp. 2d 593 (E. D. Penn. 2007).

内容的生产可以是玩家在游戏整体框架允许范围内，在玩游戏的过程中，通过游戏系统自带的或者外部工具生成个性化的新的游戏内容。当此种类型的玩家生成内容具有独创性时，能够满足作品的实质要件。因此，按照"创作人原则"，此类玩家生成内容应当由玩家享有相应的著作权权利。第二种类型可被称为玩家生成的"修改性"内容，是玩家不考虑游戏本身框架如何、规则允许与否，从程序代码上对游戏内容进行增加或者修改，生成新的游戏内容甚至新的游戏版本，又称游戏 MOD。游戏 MOD 首先是一个独立于原游戏作品的新作品，可能属于演绎作品或汇编作品。

由于网络游戏的开放性和交互性越来越强，用户参与度越来越高，游戏产业形成了这样一种情况：当玩家对游戏生成添附性、演绎性或汇编内容时，事实上有利于该游戏作品内容的丰富和完善，也有利于该游戏产品的长期发展和营利；如果禁止玩家利用游戏内容创造新内容，反而会使得该游戏的市场竞争力大大下降。因此，许多游戏开发者鼓励玩家为游戏创作新内容，并且在游戏的最终用户许可协议中明确承认和支持用户对自己上传的内容享有相应的知识产权，如游戏《第二人生》[1]。根据该游戏最终用户许可协议的约定，玩家可以在游戏中以多种方式进行创造，并享有对这些创造物的知识产权。而游戏开发商和其他游戏玩家则对这些创造物享有一定的许可权限和保障，以保证游戏正常运行和进行安全检测、市场宣传、分享经验等必要且合理的使用。

但就国内现状而言，最终用户许可协议里通常并无支持玩家创作内容的相关规定，反而是极力限制玩家权利。当然，这与游戏本身的开放性程度和类型有关。譬如腾讯游戏许可及服务协议除了规定了游戏（包括游戏整体、游戏涉及的所有内容、组成部分或构成要素）的一切知识产权均由开发商享有，还规定了玩家在使用腾讯游戏服务中产生的游戏数据的所有权和知识产权归开发商所有。

由于最终用户许可协议的协商可能性为零，根据我国《民法典》第

---

〔1〕 "Linden Lab's Terms of Service", at http://www.lindenlab.com/tos.

497 条对格式合同效力之规定，提供格式条款的一方当事人排除对方主要权利的条款无效。游戏玩家对自身生成内容的权利，显然是该协议中的玩家主要权利，涉及开发商和玩家双方在游戏中的根本性利益；也是根据著作权法基本原则和权属规定应当享有的法定权利。若玩家生成内容属于创造性内容，那么根据创作人原则，在无其他特殊权属规定时，著作权权利应由创作者享有，从创作完成之时起自动取得。若游戏开发商在最终用户许可协议中规定玩家生成内容的相关权利归属自身，事实上是要求玩家放弃了自己应当享有的法定权利。若玩家生成内容属于表演性内容，虽不构成作品，但根据法律仍可能对该部分内容享有表演者权。若玩家生成的是演绎性内容，仍旧不影响该玩家生成内容的权属问题，而是须获得游戏开发商的许可的问题。开发商并不能越过创作人原则去直接获取玩家所创作内容的著作权权利。

退一步说，即使游戏最终许可协议所限制的并不是玩家的法定权利或主要权利，而仅仅是玩家根据法律原则所应当享有的某些利益，不属于上述《民法典》所规定格式条款无效之情形；但是，限制玩家利益的条款最终仍不一定有效，可能属于效力待定——游戏最终许可协议的不可协商性显然具有了程序上的显失公平，而因此又导致了实质内容的显失公平，能够适用显失公平原则。根据《民法典》对合同效力的一般性规定，显失公平的合同条款是可撤销可变更的。也就是说，对最终许可协议中限制自身权益的内容，即使不符合法定的格式合同无效情形，玩家也可对其效力提出异议，其中显失公平的内容仍然可能自始无效。

三、公有领域保留原则对网络游戏交互创作的促进

在交互创作时代，用户生成内容（user-generated content）已经成为网络空间中的原创性内容的主要组成部分，用户的创作力已经成为网络时代人类创作力的重要来源之一。网络游戏也是一个开放的虚拟空间，尤其是那些具有平台性质的游戏。然而，在游戏中，许多信息、资源甚至游戏本身都是受到著作权保护的对象，因为这些信息、资源和游戏本身是来自现

实中著作权人的创作成果。这些游戏的著作权人常常同时也是开发商和运营商，不仅从法律上对游戏作品享有专有权利，在现实中也对游戏平台的架构、规则和其中的内容享有绝对的控制能力——也包括玩家在其中生成的内容。对这些开放性的游戏平台而言，若此时一味地确保著作权权利人的利益实现最大化，将会降低玩家的创作积极性和创作可能性，不利于实现总体上的激励创作的效果。

交互创作对于游戏产业发展也具有同样的意义。正如上文所说，由于网络游戏的开放性越来越强，用户参与度越来越高，游戏产业发展中形成了这样的情形：当玩家对游戏生成添附性、演绎性或汇编内容时，事实上有利于该游戏作品内容的丰富和完善，也有利于该游戏产品的长期发展和营利；如果禁止玩家利用游戏内容创造新内容，反而会使得该游戏的市场竞争力大大下降。公有领域保留原则的意义在于，在对著作权人的利益进行依法保护的同时，也应当对著作权人的权利进行限制，使得其他人享有接触、获取和使用信息资源的自由，以促进文化传播和提升社会整体的知识水平，从而提高创作可能性。

（一）网络游戏公有领域保留的必要性

公有领域保留原则的意义在于，只有原作者的创作积极性与其他人创作可能性之间的博弈实现了动态平衡，才能真正实现总体上激励创新效果的最大化。因此，公有领域保留原则并非一味地对原作者著作权进行限制，而是应当达到从整体上促进社会创新的效果。

网络游戏著作权的困境，或者说整个网络虚拟世界的著作权难题之一就在于，要在网络虚拟环境中划定出公有领域是非常困难的。在一个虚拟环境建立之时就已经天然存在着一道著作权权利的屏障，而这一屏障将会使得虚拟环境中的参与者难以获得任何公共资源或进行任何创作行为，因为这个虚拟环境中的所有知识、信息、资源，乃至这个虚拟环境本身，都可能是由开发者创作而成的，因此属于著作权作品内容范畴。

在游戏世界中，玩家和游戏开发者的行为是有先后顺序的，地位也并非完全平等，而是由游戏开发者主导和设定——譬如，网络游戏停止运营就会导致玩家生成内容灭失。又如，游戏开发者可轻易地通过技术设定来将玩家行为限制在满意范围内。根据网络游戏的技术架构和游戏规则的不同，玩家生成内容有许多种不同的类型，包括表演性和创造性；根据具体情形的不同，创造性的玩家生成内容又可分为添附型和演绎型。但不论何种性质的玩家生成内容，其共同点都是以游戏内容的存在和使用为基础的，而游戏内容当然属于游戏著作权的权利对象。因此，玩家生成内容的性质和权属问题始终要受到游戏开发商著作权的限制。

但是，游戏世界又必须是一个开放的世界，玩家和开发者之间是互相依存的关系，就如同在现实世界中，如果法律对著作权人的保障标准过高，导致可供共享和使用的公共资源缺乏，大众的知识和文化水平无法提高，那么整个社会的创新能力便会不足，不利于实现知识产权法激励创新的价值目标。玩家们一直在不同程度地以各种方式将自己的思想和意愿反映在游戏世界中，参与着游戏世界的共同设计。若开发商对游戏著作权的行使过分限制了游戏世界中的自由度，那么这个游戏世界便不再具有生命力，此款游戏产品也将在市场中被逐渐淘汰。从这一角度来看，游戏内容不仅仅是游戏著作权人的权利对象，整个游戏的内容就是一个虚拟世界，其自身的性质要求其必须具有一定的开放性，就如同现实世界一样。

因此，不仅是游戏世界，整个网络虚拟世界想要继续向前发展，也需要达到各方参与者权益的动态平衡。不仅应当给著作权人足够的保护以实现激励，同时也要"给其他人留有足够好的东西"——给该虚拟世界中的其他参与者足够的知识、资源和自由，这一方面可以推动整个虚拟世界的知识水平稳定前进，另一方面可以为其他人的再创作留出足够的可能性。显然，现有著作权制度难以解决这一虚拟世界内部的难题。

（二）"知识共享协议"对游戏交互创作的促进

即使现有著作权制度难以触及，虚拟世界也在逐渐内发性地形成一些有利于整体发展进步的规则，譬如著作权人甚至通过行使自己著作权权利的方式为虚拟世界留出了"公有领域"——"知识共享协议"（creative commons license）就是这样一种网络资源授权许可机制。著作权人可通过知识共享协议中的许多不同类型的授权方式来使得自己的作品内容成为一种类似的公共资源，如"署名—非商业性使用"（CC BY-NC）要求使用者在使用作品内容时应当注明作者姓名，但不得作商业性使用；还有某些知识共享协议准许使用者直接使用或进行演绎创作，但所产生的新的创作成果必须以相同方式进行共享。通过这样的方式，著作权人将自己的作品在虚拟世界中公开传播，使得任何人皆有了接触可能性；同时授予其他人某些使用和传播的权利，保留了某些权利，甚至通过"署名—相同方式共享"（CC BY-SA）的方式来将自己作品中的知识、资源以及后续的发展可能性全部划入了协议制造的"公有领域"中。

表 6-1　知识共享协议类型

协议类型	图标
注明出处	
注明出处+禁止商业性使用	
注明出处+禁止演绎	
注明出处+禁止商业性使用+禁止演绎	
注明出处+以相同方式共享	
注明出处+非商业性使用+以相同方式共享	

1998 年的 Micro Star v. FormGen Inc. 案就是一个极具代表性的网络游戏著作权知识共享协议案例。游戏《Duke Nukem 3D》的著作权人 FormGen 公司即采取了"CC-SA"的共享方式，在游戏最终用户许可协议中鼓励玩家利用官方提供的工具进行游戏 MOD 创作并且进行免费分享。玩家们踊跃参与，网络上出现了许多由玩家创作的新关卡。直至发现 Micro Star 公司将玩家创作完成的一些关卡整合成一张光碟并进行销售，游戏著

作权人 FormGen 公司随即对其提起诉讼。被诉的 Micro Star 公司认为，游戏著作权人 FromGen 公司将创作工具提供给玩家，并允许玩家进行免费分享，就等于默认放弃了作品的演绎权。联邦第九巡回法庭经核查认为，FormGen 公司在用户许可协议中明确表示玩家只可将这些新的关卡 MOD 用于免费共享，这是进行著作权许可的方式，是行使著作权权利的方式，而并非表示放弃任何著作权权利，因此未获得授权对游戏新关卡进行销售的 Micro Star 公司侵权的事实成立[1]。

通过知识共享协议在虚拟世界中提供公有资源甚至划定出"准公有领域"这种内发形成的方式虽然能够暂时缓解网络空间中著作权权利与公共利益之冲突，但仍然未从制度上解决虚拟世界中知识传播、信息交流和资源自由的本质问题。

（三）虚拟环境中公有领域保留的路径探索

1. 虚拟世界中"准公有领域"的存在

游戏玩家是以类似于一个公民的身份来在虚拟世界中进行活动的。不论玩家生成的是表演性、添附性还是游戏 MOD 等修改性内容，这种对游戏作品内容的利用，与传统的著作权侵权行为是有显著区别的。玩家的这种行为是游戏作品要实现其价值所需求的，是游戏世界不断完善、维持生命力所需求的。在游戏虚拟世界中，玩家生成内容的行为对游戏内容而言并不是竞争性的，而是建设性的。这种利用行为是萌生于游戏世界内部的，所生成的内容也作用于游戏世界本身，与盗版、抄袭、改编等发生于游戏世界外部的侵权行为有着本质区别。尤其是在一款游戏已经被设计成允许玩家进行创造的高自由度的游戏时，玩家在进行游戏的过程中就会自然而然地进行探索和创造。

软件最终用户许可协议中的条款内容不应当超出消费者对该软件产品的合理期待范围（reasonable expectation），否则将不具有效力[2]。若开发

---

　　〔1〕　Micro Star v. FormGen Inc. , 154. F. 3d 1107 (9th Cir. 1999).

　　〔2〕　Robert W. Gomulkiewicz, "Getting Serious About User-friendly Mass Market Licensing For Software", *George Mason Law Review*, 2004, p. 697.

者将游戏世界设计为开放性的、允许玩家进行创造的环境,这种行为本身就应当被视为一种类似于默示的、明确的意思表示,意思表示的内容为:我将允许支付合理对价或合法途径获得游戏的玩家在游戏过程中利用现有内容生成新内容。举个例子,某位作家写成了一篇作品,这篇作品是填空式的。不同的用户在阅读作品时当然会填充不同的内容,从而展现出作品不同的面貌。此时,这位作家将作品设计为这种形态的行为就应当被视为一种类似于默示的、明确的意思表示,即许可读者在阅读该作品对内容进行建设性的、创造性的填补。

因此,玩家在玩游戏并沉浸于他的虚拟角色时,许多游戏内容对他而言都是虚拟世界中的开放性资源,那么这个虚拟环境对置身其中的游戏玩家来讲已经成为一种"准公有领域"。即使是在开放性程度很低的网络游戏中,如果玩家产出内容的积极性被破坏,对游戏本身和开发商而言也是有害无益的;在开放性较高的网络游戏中,如果玩家的创作可能性和积极性不能得到保障,那么整个游戏中的玩家生成内容将越来越少,游戏世界的发展将走向枯萎,游戏产品的市场表现也将以失败告终。因此,在游戏虚拟环境中,玩家对其中的内容进行利用、进行发挥创造的自由,在某种程度上也应当被视为一种必要的公共利益进行保护,尤其是针对开放性、交互性较高的某些游戏类型而言。

2. 穿透性理论——虚拟环境中法益的产生

随着技术逐渐发展,网络虚拟环境对社会生活中的影响力越来越大,将会反过来对现实世界产生反馈,那些原本存在于网络环境中的利益也在现实世界中具有了价值,产生了现实的保护需求。虚拟财产、玩家生成内容等法律问题也随之产生。正是因为网络世界是经由现实世界的映射而构建起来的,现实世界中的自然人进入并成为其中一员,所以,法律的公平正义、诚实信用、公序良俗等价值取向在网络虚拟环境中依然存在和适用。

美国学者曾将这一现象描述为网络环境对现实世界的穿透性:在研究虚拟财产的性质以及产生的原因时,认为虚拟财产是一种因穿透性而产生的利益或价值。在这个意义上，有学者认为广义上的虚拟财产应当包括虚拟世界中产生的一切财产性利益——不仅仅是虚拟世界中的物品，也包括虚拟世界中产生的智力成果，譬如在软件中创造出的新文件[1]。虚拟财产似乎诞生于虚拟世界之中，从过程上看，这种财产性质的产生源于两个方面：其一，在虚拟世界中产生了一种与财产权类似的主客体关系，即虚拟身份可以排他性地占有某一财产，这一财产可能来源于用户在虚拟世界中的劳动、交易或智力劳动而产生。其二，在虚拟与现实世界相互映射作用之下，这一财产具有了现实的经济价值，具有现实中的财产权客体性质，那么这一与财产权类似的、虚拟世界中的权利便产生了现实的保护需求。

在针对网络游戏进行研究时，有学者将穿透性的产生总结为三个要件，包括该虚拟环境是否受开发者控制或开放程度、是否存在金钱交易及其程度、用户是否能够生成独创性内容及其程度[2]。当这三个方面的穿透性达到一定程度，游戏中产生的财产性利益便具有了与现实生活中的财产一样受到法律保护的正当性和必要性。此时，在特定的情形中，为了保护这些利益，虚拟世界与现实世界的边界暂时隐去了，虚拟环境中便产生了现实的法益。若将这三个要件扩大至整个网络环境或其他网络平台也同样适用，即特定网络环境的开放程度、产生金钱价值的程度和用户生成独创性内容的程度。

穿透性理论事实上反映了这样一个理念：当网络环境与现实环境之间的映射与反馈达到了"穿透"（permeability）的程度、产生了现实的保护需求、追求着一些共通的价值理念且具有足够的理论正当性，那么，某些法律原则甚至法律制度便可以适用于网络虚拟环境之中。譬如，在网络游戏中，往往通过游戏规则设定、举报和奖惩机制等来确保玩家对自己的虚

---

〔1〕 Michael Meehan, "Virtual Property: Protecting Bits in Context", 13 *RICH. J. L. & TECH.*, 2006, pp. 5~6.

〔2〕 Hunt Kurt, "This Land Is Not Your Land: Second Life, CopyBot, and the Looming Question of Virtual Property Rights", *Tex. Rev. Ent. & Sports L.*, 2007, p. 141.

拟物品占有、使用、收益和处分的权利。玩家 A 所拥有的一个游戏装备在游戏世界里具有一百万游戏币的价值，若以人民币出售价值可达 1000 元。玩家 B 想要购买这一装备，当玩家 B 交付了游戏币之后，玩家 A 却不交付游戏装备；又或者反过来，玩家 A 交付了装备，玩家 B 却不愿交付现金，此时就需要现实世界中法律的介入和规制。显然，此时法律的公平正义等价值已经延伸至网络虚拟空间中，在规制这一问题时，意思自治原则、诚实信用原则等均可以适用。

3. 穿透性理论在公有领域保留原则适用中的价值

穿透性理论不仅可以成为网络虚拟环境中保护公共利益的正当性依据之一，该理论所包含的三个要件也可以为公有领域保留原则的适用提供一定的依据和标准。以游戏中的玩家生成内容问题为例，一般而言，只有在一个开放性程度较高的游戏虚拟世界中，玩家才可能生成创造物，并且这种创造物能够产生现实的财产性利益。如果穿透性达到一定程度，虚拟世界与现实世界的利益边界暂时隐去，那么玩家对自己在游戏世界中的创作物具有同现实生活中的创作物一样的受法律保护的正当性和必要性。因此，在这种正当性的范围内，现有著作权制度的基本价值、理论和原则就可以映射至虚拟世界中来分析这一问题，例如的独创性标准、权利归属原则等。

同时，开发者将游戏世界设计为开放性的、允许玩家进行创造的环境，这种行为本身就应当被视为一种默示意思表示，即允许玩家在游戏虚拟世界中对这些内容进行创造性的利用，此时，游戏内容对于玩家而言已经成为"准公有领域"。玩家与网络空间中其他用户一样，也应当对自己创作的内容享有相应权利，甚至可能通过作品转换性使用的认定绕过原作品著作权的障碍，获得直接的法律保护[1]。因此，游戏最终用户许可协议中规定玩家生成内容均归属于开发商或限制玩家对自己创作物享有相关权利的条款并不具有正当性。

---

〔1〕 熊琦：《"用户创造内容"与作品转换性使用认定》，载《法学评论》2017 年第 3 期。

　　运用穿透性理论来分析游戏世界中的公共利益和公有领域保留的思路为，在符合穿透性要件时，可将游戏作品内容在现实世界中的著作权属性暂时隐去，而正视这些内容在虚拟世界中的公共属性，将玩家生成内容置于其所萌生的那个环境中去检验。把虚拟世界与现实世界的法律边界隐去，玩家生成内容是否具有独创性，是否需要获得著作权人许可、是否损害游戏著作权人利益等问题便更加明了——因为游戏世界中的"准公有领域"所代表的玩家利益也属于这一环境中的公共利益，如果这种公共利益得不到保护，那么游戏世界内的活力和创造力也将逐渐消亡殆尽，游戏产品也将走向失败。因此，网络世界中的用户与玩家接触、获取和使用网络信息资源的自由也应当被视为一种必要的公共利益进行保护。美国经济学家 Castronova 将这种情形形容为，如果玩家在虚拟世界中进入了一家店，拿起店里的纸和笔写了一首诗，然后将这首诗卖给出版社获得了 10 000 美元，这家店并没有权利限制玩家写诗，也不应当获得这首诗的著作权[1]。

　　除了网络游戏，穿透性理论还可以为其他网络平台上公有领域保留原则的适用提供一定的依据，使得用户能够自由地进行创作并对自己生成的内容享有权利，而不必受到平台开发商、运营商的绝对控制。在交互创作的时代，仅仅依靠"知识共享协议"来制造"准公有领域"已经无法实现网络空间中著作权人与公众之间的利益平衡。结合穿透性理论分析，当网络虚拟空间中的利益已经具有同现实中的利益同样的正当性和保护必要性时，可将著作权法的某些价值理念、基本理论和法律原则映射至网络虚拟世界，尤其是公有领域保留原则，从而限制著作权人和运营商的绝对控制权，确保人们对其中的信息资源能够获取、使用并进行二次创作，保障网络空间中的用户和玩家能够享有一定的创作可能性和积极性，从而促进整体的知识进步与文化繁荣。

　　通过穿透性理论来解释网络虚拟环境中法益的产生，这一思路不必改变现有著作权制度或建立新的法律制度来适应网络虚拟环境，而是根据虚

---

　　[1]　转引自潘登：《网络游戏中玩家生成内容的著作权保护》，西南政法大学 2013 年硕士学位论文，第 34 页。

拟世界与现实世界之间的映射与反馈，寻求二者之间利益保护的法律框架，在法律价值共通、理论正当性充足且具有保护必要性的基础之上，将法律的原则、规则和制度映射至其中进行有效规制——这一思路除著作权法领域以外，对于其他领域的网络相关法律问题的研究或也具有一定价值。

结　论

　　总之，本书对网络游戏著作权法保护问题进行研究主要得出了以下三个结论：旗一，就网络游戏的著作权客体定性问题，进一步明确和证成网络游戏"独立客体说"，认为网络游戏应当成为著作权法保护客体中的独立作品类型，并分析了网络游戏获得独立客体地位的法律进路。在我国《著作权法》第三次修正后的法律框架下，可将游戏作品类型归类于"符合作品特征的其他智力成果"，在未来必要时可另行链接式立法对其进行单独保护。其二，就网络游戏的著作权权利归属问题，从创作者、传播者和玩家三个维度分别划定了网络游戏的作者权、邻接权以及玩家生成内容的权属，合理设计了网络游戏著作权权属制度。在作者权归属方面，我国可采取双重著作权归属理论进行制度设计；在邻接权归属方面，游戏配音演员、电竞赛事组织和特定玩家可享有相应邻接权；在玩家生成内容的权利归属方面，应当区分表演性内容、添附性内容和修改性内容，并分属不同的权属类型。其三，就网络游戏的著作权保护边界问题，从热点、难点入手，运用著作权法的基本法律原则、标准和方法，进一步明确了网络游戏著作权侵权判定、权利效力和公有领域保留等方面的保护与限制边界。

　　萌生于印刷时代的著作权法正经历着技术发展和产业变革的挑战，在理论、制度和法律适用层面均存在着许多值得研究的问题，而网络游戏所涉及的著作权问题尤其具有这一时代特征。由于网络游戏市场和产业发展持续高涨、利益相关主体众多、所涉纠纷数额极高，著作权制度天平如若稍微倾斜便将产生巨大的影响。但其研究意义并不止于此。经历了印刷时代和电子时代，人类文化传播已经进入交互时代，作品创作、欣赏、使用和传播的方式已经改变。随着技术发展和融合，交互性、开放性等曾经专属游戏的作品特性已经逐渐体现在其他文学艺术领域和娱乐产业之中，产生诸如交互电影等新的作品概念。网络游戏作为综合型艺术作品，同时也是一个开放性的平台，随着微博、B站、抖音等网络平台的发展，用户生成内容与玩家生成内容一样呈现爆发趋势。

除网络游戏著作权法保护问题以外，网络交互时代的其他著作权问题也是笔者所关注的。一方面，在客体属性界定、主体身份认定、权利保护与限制等方面，网络游戏给著作权法带来了许多新鲜的问题，本书通过相关的基础理论和制度研究，尤其从符号学视角对作品概念进行重新建构，提出了作品概念的三元关系理论，以期为未来新的作品的出现做好铺垫和准备；另一方面，网络游戏向传统著作权法提出的保护边界问题，事实上是网络虚拟环境中普遍存在的著作权问题，也是交互创作时代产生的具有共通性的著作权问题——在交互创作与传播的时代，网络虚拟空间中的每一个用户都可能成为内容的使用者、创作者和传播者，都有着使用网络空间中的信息资源的需求。问题在于，在著作权人和平台运营商的绝对事实控制之下，如何保障网络虚拟空间中仍然保留一定的公有领域，确保人们对其中的信息资源能够获取、使用并进行二次创作，保障网络空间中的用户和玩家能够享有一定的创作可能性和积极性，从而促进整体的知识进步与文化繁荣。这一问题是目前著作权法需要面对而尚未解决的问题，并且在未来很长一段时间内，其重要性或将随着虚拟现实交互程度的发展而愈加凸显。研究网络游戏著作权法保护问题的意义还在于，网络虚拟空间中的法益并不只存在于游戏之中，还存在于整个网络社会中，如虚拟财产、数据信息、个人隐私等问题。本书最后引入了穿透性理论来解释虚拟世界中法益的产生——在符合条件时，网络虚拟环境中的利益也应当同现实世界中相应的利益一样，具有获得法律保护的正当性和必要性。穿透性理论可以成为网络虚拟空间中公有领域保留原则的适用依据之一，以保护用户和玩家应当享有的接触、获取和使用信息资源的权利，达到促进著作权法、促进文化传播和激励创新的目的。

　　由于时间精力有限、学科视角单一和个人知识见解的局限性等各种原因，书中所涉及的内容定有缺陷与疏漏；许多论证仍不够深入和通透，有待进一步探讨。本书的研究只可谓抛砖引玉，期望能为后续研究提供可考之资料。

参考文献

一、中文资料（含译著）

（一）著作类

1. ［荷兰］胡伊青加：《人：游戏者——对文化中游戏因素的研究》，成穷译，贵州人民出版社 1998 年版。

2. ［法］皮埃尔·吉罗：《符号学概论》，怀宇译，四川人民出版社 1988 年版。

3. ［德］M. 雷炳德：《著作权法》，张恩民译，法律出版社 2005 年版。

4. ［古希腊］亚里士多德：《范畴篇 解释篇》，方书春译，商务印书馆 1959 年版。

5. ［德］黑格尔：《法哲学原理》，范扬、张企泰译，商务印书馆 1961 年版。

6. ［英］埃斯特尔·德克雷主编：《欧盟版权法之未来》，徐红菊译，知识产权出版社 2016 年版。

7. ［英］洛克：《政府论》（下篇），叶启芳、瞿菊农译，商务印书馆 1964 年版。

8. ［美］简·麦戈尼格尔：《游戏改变世界：游戏化如何让现实变得更美好》，闾佳译，浙江人民出版社 2012 年版。

9. ［美］李·R. 波布克：《电影的元素》，中国电影出版社 1986 年版。

10. ［法］洛朗·克勒通：《电影经济学》，刘云舟译，中国电影出版社 2008 年版。

11. ［德］康德：《判断力批判》，邓晓芒译，人民出版社 2002 年版。

12. ［德］弗里德里希·席勒：《审美教育书简》，冯志、范大灿译，上海人民出版社 2003 年版。

13. ［英］帕斯卡尔·卡米纳：《欧盟电影版权》，籍之伟、俞剑红、林晓霞译，中国电影出版社 2006 年版。

14. ［加］迈克尔·盖斯特主编：《为了公共利益——加拿大版权法的未来》，李静译，知识产权出版社 2008 年版。

15. 世界知识产权组织编：《知识产权纵横谈》，张寅虎等译，世界知识出版社 1992

年版。

16. 孙磊、曹丽萍:《网络游戏知识产权司法保护》,中国法制出版社 2017 年版。

17. 齐爱民等:《著作权法体系化判解研究》,武汉大学出版社 2008 年版。

18. 吴汉东主编:《知识产权法》,北京大学出版社 2003 年版。

19.《朱光潜美学文集》(第 1 卷),上海文艺出版社 1982 年版。

20. 冯晓青:《知识产权法利益平衡理论》,中国政法大学出版社 2006 年版。

21. 周锡山编校:《王国维集》(第 2 册),中国社会科学出版社 2008 年版。

22. 郑成思:《知识产权法》(第 2 版),法律出版社 2003 年版。

23. 吴汉东、胡开忠:《无形财产权制度研究》(修订版),法律出版社 2005 年版。

24. 孙祺舜主编:《电子游戏概论》,高等教育出版社 2009 年版。

25. 蔡丰明:《游戏史》,上海文艺出版社 2007 年版。

26. 关萍萍:《互动媒介介论:电子游戏多重互动与叙事模式》,浙江大学出版社 2012 年版。

27. 韩赤风等:《中外著作权法经典案例》,知识产权出版社 2010 年版。

28. 马俊驹、余延满:《民法原论》(第 4 版),法律出版社 2010 年版。

29. 董瑾主编:《20 世纪中国文学选讲》,对外经济贸易大学出版社 2008 年版。

30. 梅术文:《网络知识产权法:制度体系与原理规范》,知识产权出版社 2016 年版。

31. 胡康生主编:《中华人民共和国著作权法释义》,法律出版社 2002 年版。

32. 冯晓青、江锋涛主编:《知识产权法前沿问题研究》(第 3 卷),中国政法大学出版社 2017 年版。

33. 吴汉东等:《知识产权基本问题研究》,中国人民大学出版社 2005 年版。

34. 张今:《著作权法》(第 2 版),北京大学出版社 2015 年版。

35. 王迁:《著作权法》,中国人民大学出版社 2015 年版。

36. 王迁:《网络环境中的著作权保护研究》,法律出版社 2011 年版。

37. 李琛:《著作权基本理论批判》,知识产权出版社 2013 年版。

38. 卢海君:《版权客体论》,知识产权出版社 2011 年版。

39. 熊琦:《著作权激励机制的法律构造》,中国人民大学出版社 2011 年版。

40. 朱理:《著作权的边界——信息社会著作权的限制与例外研究》,北京大学出版社 2011 年版。

41. 肖尤丹:《历史视野中的著作权模式确立——权利文化与作者主体》,华中科技大学出版社 2011 年版。

42. 马晓莉：《近代中国著作权立法的困境与抉择》，华中科技大学出版社 2011 年版。

43. 郑成思主编：《知识产权——应用法学与基本理论》，人民出版社 2005 年版。

44. 李明德、管育鹰、唐广良：《〈著作权法〉专家建议稿说明》，法律出版社 2012 年版。

45. 李琛：《论知识产权法的体系化》，北京大学出版社 2005 年版。

46. 恽如伟主编：《数字游戏概论》，高等教育出版社 2012 年版。

（二）论文类

1. 崔国斌：《认真对待游戏著作权》，载《知识产权》2016 年第 2 期。

2. 李杨：《论网络游戏著作权的界定和保护》，载《法制与社会》2016 年第 14 期。

3. 李杨：《网络游戏直播中的著作权问题》，载《知识产权》2017 年第 1 期。

4. 张学军：《网络游戏知识产权的司法认定》，载《人民司法》2015 年第 19 期。

5. 曹丽萍：《网络游戏著作权案件审理中的四大难题》，载《中国知识产权报》2015 年 6 月 5 日。

6. 冯晓青：《网络游戏直播画面的作品属性及其相关著作权问题研究》，载《知识产权》2017 年第 1 期。

7. 王迁：《电子游戏直播的著作权问题研究》，载《电子知识产权》2016 年第 2 期。

8. 谢琳：《网络游戏直播的著作权合理使用研究》，载《知识产权》2017 年第 1 期。

9. 汪代明：《论电子游戏艺术的定义》，载《西南民族大学学报（人文社会科学版）》2005 年第 12 期。

10. 刘春田：《知识财产权解析》，载《中国社会科学》2003 年第 4 期。

11. 蒋强：《不宜将游戏认定为电影类作品》，载《中国知识产权》2017 年第 8 期。

12. 张玉敏、曹博：《论作品的独创性——以滑稽模仿和后现代为视角》，载《法学杂志》2011 年第 4 期。

13. 曲三强：《论影视作品的法律关系》，载《知识产权》2010 年第 2 期。

14. 冯晓青、孟雅丹：《手机游戏著作权保护研究》，载《中国版权》2014 年第 6 期。

15. 吴汉东：《网络版权的技术革命、产业变革与制度创新》，载《中国版权》2016 年第 6 期。

16. 田志康：《知识产权归属的法律效率、原则、标准和影响因素》，载《科技与法律》2002 年第 2 期。

17. 于伟：《合著作品的认定标准》，载《法学》1990 年第 12 期。

18. 李迟善：《合作创作决定著作权共有——与张佩霖同志商榷》，载《著作权》1991

年第 2 期。

19. 张佩霖：《认定合作作品及著作权共有的法律界限再探》，载《政法论坛》1992 年第 1 期。

20. 王坤：《论作品的独创性——以对作品概念的科学建构为分析起点》，载《知识产权》2014 年第 4 期。

21. 杨延超：《精神权利的困境——两大法系版权立法比较分析》，载《现代法学》2007 年第 4 期。

22. 曹新明：《新编影视剧所涉版权问题研究》，载《知识产权》2011 年第 3 期。

23. 张玉敏、曹博：《录像制品性质初探》，载《清华法学》2011 年第 1 期。

24. 杨敬研等：《韩国电子竞技产业的发展与启示》，载《经济导刊》2010 年第 9 期。

25. 张晓津：《计算机软件著作权侵权判断问题研究》，载《知识产权》2006 年第 1 期。

26. 董颖、邹唯宁、高华苓：《视频游戏作品所包含的艺术类著作权》，载《电子知识产权》2004 年第 11 期。

27. 吴汉东：《〈著作权法〉第三次修改的背景、体例和重点》，载《法商研究》2012 年第 4 期。

28. 李宗辉：《论"表演"的类型》，载《中国版权》2012 年第 1 期。

29. 李菊丹：《表演者权保护研究》，载《知识产权》2010 年第 2 期。

30. 吴汉东：《法哲学家对知识产权法的哲学解读》，载《法商研究》2003 年第 5 期。

31. 邹晓红、许辉猛：《智力投入者和财力投入者分离下的著作权归属研究——评我国的委托作品、职务作品和法人作品制度》，载《湖南大学学报（社会科学版）》2010 年第 2 期。

32. 李琛：《论我国著作权立法的新思路》，载《中国版权》2011 年第 5 期。

33. 易继明、李辉凤：《财产权及其哲学基础》，载《政法论坛》2000 年第 3 期。

34. 李宗勇：《网络游戏的法律保护》，载《网络法律评论》2005 年第 1 期。

35. 熊琦：《互联网产业驱动下的著作权规则变革》，载《中国法学》2013 年第 6 期。

36. 王迁：《论汇编作品的著作权保护》，载《法学》2015 年第 2 期。

37. 卢海君：《"电影作品"定义之反思与重构》，载《知识产权》2011 年第 6 期。

38. 李明德：《美国《版权法》对于计算机软件的保护》，载《科技与法律》2005 年第 1 期。

39. 李琛：《论作品定义的立法表述》，载《华东政法大学学报》2015 年第 2 期。

40. 金渝林：《论版权理论中的作品概念》，载《中国人民大学学报》1994 年第 3 期。

41. 王迁、袁锋：《论网络游戏整体画面的作品定性》，载《中国版权》2016 年第 4 期。

42. 郝敏：《网络游戏要素的知识产权保护》，载《知识产权》2016 年第 1 期。

43. 阳贤文：《美国司法中实质性相似之判断与启示》，载《中国版权》2012 年第 5 期。

44. 陈天：《浅析游戏外挂的法律规范及存在问题》，载《法制与社会》2015 年第 24 期。

45. 罗平、徐倩华：《网络游戏外挂技术及检测》，载《计算机工程与设计》2007 年第 6 期。

46. 崔国斌：《知识产权确权模式选择理论》，载《中外法学》2014 年第 2 期。

47. 刘青：《网络游戏直播平台现状概述》，载《商》2015 年第 29 期。

48. 哈昊天：《电竞直播平台多数巨亏，盈利模式依然不明朗》，载《参考消息》2015 年 12 月 22 日。

49. 李治国：《游戏产业市场潜力无限》，载《经济日报》2015 年 8 月 10 日。

50. 曾晰、关永红：《网络游戏规则的著作权保护及其路径探微》，载《知识产权》2017 年第 6 期。

51. 朱艺浩：《论网络游戏规则的著作权法保护》，载《知识产权》2018 年第 2 期。

52. 车红蕾：《电子产品用户界面的司法保护》，载《人民司法》2013 年第 3 期。

53. 邱宁：《在合法与非法之间——未经许可创作的演绎作品之著作权辨析》，载《法学杂志》2012 年第 4 期。

54. 王坤：《作品概念的科学建构及其在著作权法上的意义》，载《知识产权》2010 年第 6 期。

55. 王坤：《知识产权对象中存量知识、增量知识的区分及其功能》，载《浙江社会科学》2009 年第 7 期。

56. 金渝林：《论作品的独创性》，载《法学研究》1995 年第 4 期。

57. 杨利华：《我国著作权客体制度检讨》，载《法学杂志》2013 年第 8 期。

58. 黄志凌：《论伽达默尔的游戏概念》，载《理论月刊》2005 年第 6 期。

59. 袁世硕：《加达默尔文艺作品存在方式论质疑——读〈真理与方法〉札记》，载《文艺研究》2006 年第 2 期。

60. 鲁甜：《视频游戏抄袭版权规制研究》，载《电子知识产权》2016 年第 2 期。

61. 刘剑文、王清：《关于版权客体分类方法与类型的比较研究》，载《比较法研究》2003 年第 1 期。

62. 赵建良：《论知识产权的法律拟制》，载《电子知识产权》2014 年第 6 期。

63. 孟祥娟、徐坤宇：《游戏 MOD 著作权保护与授权探析》，载《知识产权》2016 年第 10 期。

64. 王迁：《论软件作品修改权——兼评"彩虹显案"等近期案例》，载《法学家》2013 年第 1 期。

65. 王国柱：《邻接权客体判断标准论》，载《法律科学（西北政法大学学报）》2018 年第 5 期。

66. 梁九业：《网络出版模式下著作权公共利益的价值转向》，载《出版发行研究》2018 年第 6 期。

67. 孙松：《论网络游戏直播行为的著作权侵权属性》，载《中国出版》2018 年第 21 期。

68. 焦和平：《网络游戏在线直播画面的作品属性再研究》，载《当代法学》2018 年第 5 期。

69. 宋晓珊、阮开欣：《直播电子游戏的著作权问题研究——评"梦幻西游 2 案"》，载《科技与法律》2018 年第 3 期。

70. 祝建军：《网络游戏地图的反不正当竞争法保护》，载《人民司法（应用）》2018 年第 10 期。

71. 张平、朱艺浩、郑晔晴：《网络游戏直播的著作权保护》，载《人民司法（应用）》2018 年第 10 期。

72. 蒋薇：《游戏动画与同类电影作品的关系及著作权保护》，载《中国出版》2018 年第 4 期。

73. 刘承韪、黄寅：《电竞赛事直播节目的作品性质》，载《人民司法（应用）》2017 年第 31 期。

74. 肖顺武：《网络游戏直播中不正当竞争行为的竞争法规制》，载《法商研究》2017 年第 5 期。

75. 吴汉东：《著作权法第三次修改草案的立法方案和内容安排》，载《知识产权》2012 年第 5 期。

76. 王太平：《云计算环境下的著作权制度：挑战、机遇与未来展望》，载《知识产权》2013 年第 12 期。

77. 田辉：《论计算机游戏著作权的整体保护》，载《法学论坛》2017 年第 5 期。

78. 金方斐：《论网络游戏著作权的保护模式及其侵权判定标准》，载《中财法律评论》2017 年第 1 期。

79. 朱佳：《论原著小说与电影作品的法律关系——以〈著作权法〉第三次修改为契机》，载《科技与法律》2018 年第 6 期。

80. 冯晓青、徐相昆：《著作权法不适用对象研究——以著作权法第三次修改为视角》，载《武陵学刊》2018 年第 6 期。

81. 刘春田：《〈著作权法〉第三次修改是国情巨变的要求》，载《知识产权》2012 年第 5 期。

82. 张志伟：《网络环境下体育赛事节目的著作权法立法保护》，载《科技与法律》2018 年第 5 期。

83. 何敏：《知识产权客体新论》，载《中国法学》2014 年第 6 期。

84. 熊琦：《著作权法定许可制度溯源与移植反思》，载《法学》2015 年第 5 期。

85. 王自强：《我国著作权法律制度的建立及其完善》，载《知识产权》2018 年第 9 期。

86. 熊琦：《中国著作权立法中的制度创新》，载《中国社会科学》2018 年第 7 期。

87. 李伟民：《视听作品作者署名权新论——兼评〈著作权法修改草案〉"作者精神权利"的修改》，载《知识产权》2018 年第 5 期。

88. 冯晓青、付继存：《实用艺术作品在著作权法上之独立性》，载《法学研究》2018 年第 2 期。

89. 王迁：《论网络环境中表演权的适用——兼评〈著作权法修改草案〉（送审稿）对表演权的定义》，载《比较法研究》2017 年第 6 期。

90. 颜林、马佑安：《电子竞技比赛动态画面可版权性研究》，载《科技与法律》2017 年第 5 期。

91. 冯晓青：《著作权合理使用制度之正当性研究》，载《现代法学》2009 年第 4 期。

92. 王国柱：《著作权"选择退出"默示许可的制度解析与立法构造》，载《当代法学》2015 年第 3 期。

93. 赵锐：《开放许可：制度优势与法律构造》，载《知识产权》2017 年第 6 期。

94. 刘文琦：《论著作权客体的扩张——兼评音乐喷泉著作权侵权纠纷案》，载《电子知识产权》2017 年第 8 期。

95. 张媛：《论知识产权的客体结构——以著作权客体为例兼与李杨博士商榷》，载《知识产权》2013 年第 4 期。

96. 张今、田小军：《欧盟著作权法改革与中国借鉴》，载《中国出版》2019 年第 6 期。

97. 李晓阳：《重塑技术措施的保护——从技术措施保护的分类谈起》，载《知识产权》2019 年第 2 期。

98. 倪朱亮:《"用户生成内容"之版权保护考》,载《知识产权》2019 年第 1 期。

99. 熊琦:《"用户创造内容"与作品转换性使用认定》,载《法学评论》2017 年第 3 期。

100. 金松:《论作品的"可复制性"要件——兼论作品概念条款与作品类型条款的关系》,载《知识产权》2019 年第 3 期。

101. 张晨鑫:《信息资源开放存取的版权问题研究》,载《河南科技》2019 年第 3 期。

102. 刘颖、何天翔:《著作权法修订中的"用户创造内容"问题——以中国内地与香港的比较为视角》,载《法学评论》2019 年第 1 期。

二、外文资料

(一) 著作类

1. Roger E. Schecher, John R. Thomas, *Principles of Copyright Law*, West Publishing Corp, 2010.

2. Katie Salen, Eric Zimmerman, *Rules of Play*: *Game Design Fundamentals*, The MIT Press, 2004.

3. Crawford, Chris, *A Taxonomy of Computer Games*, The Art of Computer Game Design, 1984.

4. Y. Eminescu, *Aktuelle Probleme des Urheberrechrs der Europäischen sozialistischen Länder*, GRUR Int., 1980.

5. Pascal Kamina, *Film Copyright in the European Union*, Cambridge University Press, 2001.

6. Peter Decherney, *Hollywood's Copyright Wars*: *from Edison to the internet*, Columbia University Press, 2012.

7. Graham Vickery, Sacha Wunsch-Vincent, *Participative Web and User-Generated Content*: *Web 2.0*, *Wikis and Social Networking*, Organization for Economic Cooperation and Development (OECD) Paris, 2007.

8. Peter Decherney, *Copyright Dupes*: *Piracy and New Media in Edison v. Lubin (1903)*, Indiana University Press, 2007.

9. Roger E. Schecher, John R. Thomas, *Principles of Copyright Law*, West Publishing Corp, 2010.

10. Michael A. Einhom, *Media Technology and Copyright—Integrating Law and Economics*, Edward Elgar Publishing Limited, 2004.

11. Staniforth, *The Law of Intellectual Property：Copyright, Designs and Confidential Information*, The Law Book Company, 2002.

12. Paul Goldstein, *Cases and Materials on the Law of Intellectual Property*, Foundation Press, 2002.

13. 山口真一．情報通信とコンテンツ産業：インターネット配信・二次的著作物の実証分析．（2015）．

（二）论文类

1. Hunt, Kurt. "This Land Is Not Your Land：Second Life, CopyBot, and the Looming Question of Virtual Property Rights", *Tex. Rev. Ent. & Sports L.* 9（2007）.

2. Michael Meehan, "Virtual Property：Protecting Bits in Context", 13 *RICH. J. L. & TECH.* 1, 5-6（2006）.

3. Balkin, Jack M., "Virtual Liberty：Freedom to Design and Freedom to Play in Virtual Worlds", *Virginia Law Review*, Vol. 90, No. 8, p. 20,（2004）.

4. L. Ray Patterson, Stanley W. Lindberg, "The Nature of Copyright：A Law of User's Right", p. 203, 1991. *BerkeleyTech. l. j*, 2014（2）.

5. B. E. Boyden, "Games and Other Uncopyrightable Systems", 18 *Geo. Mason L. Rev.* 439（2011）.

6. Drassinower, Abraham, "Copyright Is Not about Copying", 125 *Harv. L. Rev. F.* 108（2012）.

7. Jacob Rogers, "Crafting an Industry：An Analysis of Korean StarCraft and Intellectual Properties Law", *Harvard Journal of Law and Technology Digest*（2012）.

8. Susan Corbett, "Videogames and their clones：How copyright law might address the problem", *Computer Law& Security Review*,（2016）.

9. Guido de Ruggiero, "Idealism", *Encyclopedia of the Social Sciences*, Ⅶ, 568.

10. Wilkins, Jon S, "Protecting Computer Programs as Compilations Under Computer Associates v. Altai", *Yale Law Journal*, Vol. 104, Issue 2（November 1994）.

11. NgLoy, WeeLoon, "Multimedia and Copyright", *Singapore Academy of Law Journal*, Vol. 8, Part 1（March 1996）.

12. Paul Goldstein, Copyright：Principles, Law, and Practice 4. 2. 1. 2,（1989）.

13. Marci Hamilton, "Art Speech", 49 *Vand. L. Rev.* 73（1996）. As cited in Henry Hansmann

and Marina Santilli, "Authors' and Artists' Moral Rights: A comparative Legal and Economic Analysis", *The Journal of Legal Studies*, Vol. 26, No. 1 (January 1997).

14. Pierre N. Leval, "Toward A Fair Use Standard", *Harvard Law Review*, Vol. 103, 1990.

15. Robert W. Gomulkiewicz, "Getting Serious About User-friendly Mass Market Licensing For Software", *George Mason Law Review*, R (2004).

16. Obergfell, Eva Inès, "No need for harmonising film copyright in Europe?", *The European Legal Forum*, Issue 4- (2003).

17. Makeen F. Makeen, "Authorship/ownership of copyright works under Egyptian authors' rights law", *International Review of Intellectual Property and Competition Law*, (2007).

18. Anne Barron, "The Legal Properties of Film", *Modern Law Review*, 2004. Vol. 67 (2).

19. Enrico Bonadio, Lorraine Lowell Neale, "Joint ownership of films in the absence of express terms", *Journal of Intellectual Property Law & Practice*, May 14, (2012).

20. Jose Antonio Suarez Lozano, "The authors of audiovisual works in the Spanish legal system", *Entertainment Law Review* (1997).

21. Wilhelm Nordemann, "A Revolution of Copyright in Germany", 49 *J. Copyright Society of the U. S. A.* (2001-2002).

22. Sefton, Jamie, "The roots of open-world games", *Games Radar* (2008).

23. 西台満. ビデオゲームと映画の著作権. 秋田大学教育学部研究紀要. 人文科学社会科学 50 (1996): 31-37.

(三) 其他类

1. 《法国知识产权法典（法律部分）》，黄晖译，商务印书馆 1999 年版。

2. 《德国著作权法（德国著作权与邻接权法）》，范长军译，知识产权出版社 2013 年版。

3. 《十二国著作权法》，《十二国著作权法》翻译组译，清华大学出版社 2011 年版。

4. 《保护文学和艺术作品伯尔尼公约（1971 年巴黎文本）指南》，刘波林译，中国人民大学出版社 2002 年版。

5. WIPO, "The Legal Status of Video Games: Comparative Analysis in National Approaches", at http://www. wipo. int/export/sites/www/copyright/en/activities/pdf/comparative_ analysis _ on_ video_ games. pdf.

6. Jesper Juul, "The Game, the Player, the World: Looking for a heart of Gameness (2003) ", at http://www. jespeijull. net/ludologist/.

7. 中国音像与数字出版协会游戏出版工作委员会（GPC）、CNG 中新游戏研究（伽马数据）、国际数据公司（IDC）编：《2018 年中国游戏产业报告（摘要版）》，中国书籍出版社 2018 年版。

8. 中国音像与数字出版协会游戏出版工作委员会（GPC）、CNG 中新游戏研究（伽马数据）、国际数据公司（IDC）编：《2017 年中国游戏产业报告（摘要版）》，中国书籍出版社 2017 年版。

9. 中国音像与数字出版协会游戏出版工作委员会（GPC）、CNG 中新游戏研究（伽马数据）、国际数据公司（IDC）编：《2016 年中国游戏产业报告（摘要版）》，中国书籍出版社 2016 年版。